火眼金睛大数据技术实训

大数据

财务分析R与Hadoop实训

李晓龙 主编

经济管理出版社
ECONOMY & MANAGEMENT PUBLISHING HOUSE

图书在版编目（CIP）数据

大数据：财务分析 R 与 Hadoop 实训/李晓龙主编．—北京：经济管理出版社，2018.1（2023.7 重印）

ISBN 978-7-5096-4225-2

Ⅰ.①大…　Ⅱ.①李…　Ⅲ.①会计分析　Ⅳ.①F231.2

中国版本图书馆 CIP 数据核字（2016）第 021164 号

组稿编辑：魏晨红
责任编辑：魏晨红
责任印制：黄章平
责任校对：超　凡

出版发行：经济管理出版社
（北京市海淀区北蜂窝 8 号中雅大厦 A 座 11 层　100038）
网　　址：www. E-mp. com. cn
电　　话：（010）51915602
印　　刷：北京虎彩文化传播有限公司
经　　销：新华书店
开　　本：720mm×1000mm/16
印　　张：16.5
字　　数：246 千字
版　　次：2018 年 1 月第 1 版　　2023 年 7 月第 5 次印刷
书　　号：ISBN 978-7-5096-4225-2
定　　价：48.00 元

前 言

众所周知，企业的目标在于创造价值。而契约理论又告诉我们，企业是契约的结合体，涉及员工、客户、供应商和政府等众多的利益关系。因此，企业必须通过市场部门的员工发现客户的“痛点”，从而引导研发部门开发出解决客户“痛点”的方案和产品。而综合部门，则是使用各种资源为这一发现“痛点”到解决“痛点”的过程进行服务，而这一过程离不开信息系统和数据分析等工具的支持。古人云，“工欲善其事，必先利其器”。而本书也是为广大财务分析人员、金融工作者和信息工作者，基于大数据技术提供最基础的工具，以期抛砖引玉。

当今世界，计算机技术的日新月异，智能手机的日益普及，物联网的逐渐兴起，人工智能应用的突破，使得海量数据瞬间处理成为了可能。“互联网 +”、“大数据技术”以及“电子化交易”正在颠覆着一个又一个传统产业。

2016 年，达沃斯金融论坛全球金融精英关注的不再是风险控制的《巴塞尔协议》，而是聚焦于很可能给金融业带来颠覆性改变的区块链金融技术。与此同时，欧美对冲基金以及投行的自营盘都开始热衷于开发基于“大数据技术”的套利策略，其中最具代表性的包括温顿资本（Winton Capital）在牛津设立数据研究中心，以及瑞信信贷（Credit Suisse）对 HOLT 选股系统进行技术革新等。此外，据称大摩、小摩和高盛未来将可能共同组建大数据公司，从而为三者提供“证券产品参考数据”（Securities Product Reference Data）。大数据技术深受全民热捧，欧美投行几乎都设立了“量化”部门，而与此相关的量化分析职位更是成为众人眼中的“香饽饽”。即使是一个入门级量化交易员也往往能够拥有 10 万美元起的年收入，堪称“金饭碗”。

与此同时，财会人员梦想的四大会计事务所，在进行传统审计、税务和咨询业务的情况下，在推出内部控制报告和社会责任报告等相关的整合报告的同时，也正在紧锣密鼓地推出基于大数据的自动审计业务。随着大数据技术的应用，势必改变传统的工作指导思想和工作流程。

要作为时代的弄潮儿，就必须掌握相应的弄潮技能。一位合格的量化交易员不仅需要拥有深厚的数学背景和坚实的金融理论，而且还必须掌握丰富的编程语言和熟练的建模技能。具体而言，技术层面上要求开发人员首先利用 Hadoop 或者 Spark 来搭建初步的模型框架，并通常会为其提供分布式文件系统，用以存储所有计算节点的数据，而后再要求其根据 R - Hadoop 或 Spark - Python/Scala 等程序语言来实现具体算法。大数据时代，R 被拉到了潮流尖端，作为免费的开源软件，随着加入的人数增多，R 的计算引擎、性能、各种程序包都得到了改进和升级，其中 R - Hadoop 可用于进行分布式计算和建立相关性算法模型，处理一些海量数据。

因此，本书创新地将财务分析与大数据相结合，通过介绍大数据技术在财务分析中的应用，培养学生应用大数据技术进行财务分析的技能。为了更好地适应新形势，我们推出了《大数据：财务分析 R 与 Hadoop 实训》一书，该书具有以下几个方面的特色：

第一，紧扣当前最新科技科研前沿。目前，市面上流通的有关财务分析的大数据系列教材总体较少，而基于 R - hadoop 语言进行财务分析的实践教材更是凤毛麟角。本书将大数据 R - hadoop 实践与财务分析紧密结合，抽丝剥茧，一步一步地引导读者学习大数据架构体系。

第二，全书内容体系编排合理。按照“大数据与财务分析基础知识—财务分析与 R - hdoop 语言—财务分析实训”的思路组织全书，既方便读者（特别是初学者）在了解财务分析和大数据基础架构的概念和技术，又能帮助读者快速使用 R - Hadoop 工具进行大数据挖掘和分析。

第三，考虑了不同群体的阅读偏好和水平。本书涉及面广，既介绍了大数据基本技术，也介绍了当前大数据最流行的架构 Hadoop 生态系统和当前最流行的开源数据分析工具 R 语言，并通过多次大数据实践将 R 语言和 Hadoop 架构相结合，详细地解析了 R – Hadoop 在财务分析领域中的应用。

本书适合准备从事金融风险管理、财务管理、证券投资、投资银行、风险投资、产业投资或公司财务工作的同学修读。通过对该课程的学习，同学可以对大数据时代下的财务分析有一定了解，更重要的是可以掌握 R 语言工具进行财务建模和分析，并在此基础上撰写研究报告和科研论文，为未来深造或工作奠定坚实的理论和实践基础。限于编者的能力和时间，本书难免存在纰漏或不足之处，欢迎读者批评指正。

在此，我非常感谢参与本书编写的所有参与单位和人员，感谢广东外语外贸大学、经济管理出版社、暨南大学、广州铭诚计算机技术有限公司、深圳国泰安教育技术股份公司的支持，感谢本书编辑魏晨红的辛勤校对，也感谢陈荣腾、钟福海、胡少柔、林小龙、杨金壶、梁敏耀、李丽、陈鹏、张金秀、黄维付、陈贤斌和李婷婷等同事对本书底稿的编写和修改。

李晓龙
广东外语外贸大学
2015.9

目 录

第一部分 大数据与财务分析

第二部分 财务分析 R 与 Hadoop 语言

第三部分 财务分析实训

第一部分

大数据与财务分析

金融的实质就是“把适量的钱投到适合的位置”（Put the “Right” Money in the “Right” Place），从而以适度的金额购买适当的产品（Inorder to get the “Right” Amount for the “Right” Price）。财务分析意味着，投资不是赌博而是博弈，理性的投资者应该学会运用投资策略来实现财富增值。

如何才能将模糊、抽象的策略变成具体可信的数字呢？那么就应该使用大数据技术，将投资策略通过数学模型和计算机代码数量化，从而基于数据分析和动态模拟而合理预测其投资行为的未来走势。具体而言，财务分析人员应该使用大数据技术识别风险指标，构建定价模型结果或者交易策略，同时根据实际情况略微修改参数，最终实现自己的资产配置及投资组合。随着大数据的发展，众多金融公司和金融交易场所已变成了信息技术（IT）或大数据技术（DT）人员的集结地。例如花旗、摩根大通及瑞士信贷等在内的众多欧美顶尖投行，都在不计血本地培养自己的IT团队，并命其专门从事产品模型研发，从而得以跻身于“得模型者得天下”的金融大战之中。这些拥有专属开发任务的IT团队往往被称为量化团队，专门从事量化投资分析以及衍生品定价策略。

除金融市场的参与者都欲借“量化技术”的东风大展拳脚外，众多欧美金融监管机构也针对金融技术的兴起顺势推出了相关的监管政策。英国《金融时报》曾撰写过《英国监察机构检测保险公司对于大数据的使用》一文。文章指出，英国金融市场行为监管局（FCA）已正式发表声明，表示会继续监视金融技术开发以及金融技术对于公司和投资者的影响，如开展一项专门针对“保险公司大数据使用现状”的市场调查，从而更为精准、有效地打击预防以金融技术为核心的新型金融犯罪行为。这充分说明，在“互联网+”时代中，“大数据技术”已成为财务分析必不可少的一项技术。本部分内容将介绍大数据基础概念、财务分析基础知识和大数据基础技术。

第1章　大数据基础概念

大数据时代早已到来。《大数据时代》的作者维克托·迈尔·舍恩伯格说："世界的本质就是数据，大数据将开始一次重大的时代转型。"其实早在1980年，美国著名未来学者托夫勒便在《第三次浪潮》一书中提出"数据就是财富"的观点，将大数据热情地赞颂为"第三次浪潮的华彩乐章"。作为云计算领域的重要延伸，大数据正在引领信息革命进入新的时代。2001年，全球最具权威的IT研究与顾问咨询公司Gartner提出大数据面临"4个V"的挑战，《自然杂志》(2008)推出《大数据》专刊来全方位地介绍大数据问题，美国总统奥巴马(2012)将数据定义为"未来的新石油"。2013年，Gartner在一篇报告中指出，64%的受访企业都表示他们正在或是即将进行大数据工作。信息技术、计算机技术和互联网技术的迅速发展，使得人类社会各类数据呈爆炸性增长，对这些复杂大数据的有效管理，已成为当前社会的热点问题。

1.1　大数据基础概念

大数据(Big Data)，或称巨量资料，是指所涉及的资料规模巨大到无法通过目前主流软件工具，在合理时间内达到撷取、管理、处理并整理成为帮助企业经营决策的资讯。大数据一般指10TB(1TB=1024GB)规模以上的数据量，其基本特征可以用"4个V"来总结：

数据体量（Volume）大、数据处理速度（Velocity）快、数据类别（Variety）大、价值密度（Value）低。

然而,大数据的概念远不止大量的数据（TB）和处理大量数据的技术，或者所谓的“4 个 V”之类的简单概念，而是涵盖了人们在大规模数据的基础上可以做的事情，而这些事情在小规模数据的基础上是无法实现的。换句话说，大数据让我们以一种前所未有的方式，通过对海量数据进行分析，获得有巨大价值的产品和服务或深刻的见解，最终形成变革之力。

1.2 大数据缘起特征

大数据的产生是计算机和网络通信技术被广泛运用的必然结果，特别是互联网、移动互联网、物联网、云计算、社交网络等新一代信息技术的发展，对其起到了促进的作用，它带来了数据产生方式的四大变化：①数据产生由企业内部向企业外部扩展；②数据产生由 Web1.0 向 Web2.0 扩展；③数据产生由互联网向移动互联网扩展；④数据产生由计算机或互联网（IT）向物联网（IOT）扩展。这四个方面的变化，让数据产生源头成几何数的增长，数据量也会随之呈现大幅度的快速增加态势。

1.2.1 数据产生由企业内部向企业外部扩展

在企业内部的办公自动化（OA）、企业资源计划（ERP）、物料需求计划（MRP）等业务以及管理和决策分析系统中所产生的数据，它们主要被存储在关系型数据库中。内部数据是企业内最成熟并且被熟知的数据，这些数据通过多年的主数据管理（MDM）、ERP、OA、MRP、数据仓库（DW）、商业智能（BI）和其他相关应用的积累，已经实现了内部数据的收集、清洗、集成、结构化和标准化处理，可以为企业管理决策提供分析报表和商业智能。然而对于商业企业而言，信息化的运用环境在发生着变化，其外部数据也在迅速扩展。企业应用和互联网应用、移动互联网应用之间的融合越来越快，企业需要通过互联网来联系外部供应商、服务客户、联系上下游的合作伙伴，并在互联网上实现电子商务和电子采购的交易与结算。企业需要通过微博、微信、QQ、博客等社交网络来进行网络营销、品牌建设和客户关怀。并且把电子标签贴在企业的产品上，在制造、供应链和物流的全过程中进行及时跟踪和反馈，必将有更多来自企业外部的数据产生。

1.2.2 数据产生由 Web1.0 向 Web2.0、由互联网向移动互联网扩展

随着社交网络的迅速发展，互联网进入了 Web2.0 时代，每个人都从数据的使用者变成了数据的制造者，数据规模不断扩张，每时每刻都在产生大量的新数据。例如，从全球统计数据的角度来看，全球每分钟发送 290 万封电子邮件，每秒钟电子商务公司亚马逊上将产生 72.9 笔商品订单，每分钟会有 20 个小时的视频上传到视频分享网站 YouTube，谷歌上每天需要处理 24PB 的数据，Twitter 上每天发布 5000 万条信息，每天被每个家庭消费的数据有 375MB，每个月网民在 Facebook 上要花费 7000 亿分钟……

从中国统计数据的角度来看，数据规模也十分巨大。淘宝网会员超过 5 亿，在线商品超过 8.8 亿，每天交易数千万笔，产生约 20TB 数据；目前，百度数据总量接近 1000PB，存储网页数量接近 1 万亿，每天大约要处理 60 亿次搜索请求，几十 PB 数据；新浪微博每天有数十亿外部网页和 API 接口访问需求，服务器集群在晚上高峰期每秒要接受 100 万个以上的响应请求。

移动互联网的发展让更多人成为数据的制造者。据统计，全球每个月移动互联网的使用者发送和接收的数据高达 1.3EB。在中国，仅中国联通用户上网记录便达到 83 万条/秒，即 1 万亿条/月，对应数据量为 300TB/月或 3.6PB/年。

1.2.3 数据产生由计算机/互联网（IT）向物联网（IOT）扩展

随着传感器、视频、RFID 和智能设备等技术的发展，音频、视

频、对讲机、RFID、人机交互、物联网和传感器等数据大量产生。其数据量更是巨大。根据国际知名市场研究公司 IDC 公布的数据，在 2005 年仅对讲机产生的数据就已占全世界数据总量的 11%，预计到 2020 年这一数值将增加到 42%。思科（Cisco）公司预测，移动设备的数据总流量在 2015 年已达到每月 6.3EB 的规模。

1.3 大数据应用案例

余额宝是大数据应用典型的成功案例。天弘基金原本是国内排名中下、连年亏损的小公司，但在余额宝问世一年之后，它居国内基金管理公司之首，世界第 14 位，他们将天弘增利宝货币基金从零开始发展到用户数量超过 1 亿元、资金规模达到 5742 亿元，超出了预计的 10 倍，顺利荣升为世界第四大货币基金。那么，余额宝初期的业务背景是什么呢？由此引发出对系统建设的需求又是什么呢？

（本案例来源于网络资源的搜集整合）

1.3.1 余额宝的业务背景

支付宝的用户或多或少都会留存一部分资金在账户中，而这些资金在存储过程中是无法获取任何利息的，若为了获得利息在支付宝和银行账户之间转账又显得麻烦。于是，天弘基金人员有了在支付宝上卖基金的想法，想借助阿里这个最大电商平台，向用户推销“余额宝”。余额宝初期的分工是由阿里负责余额宝在支付宝端的建设工作，而天弘基金负责与支付宝对接的直销和清算系统的建设。然而，余额宝的上线面临着以下问题：①支持“千万级”用户的系统容量；②直销系统和 TA 系统的融合；③7 × 24 小时的基金直销系统；④支付宝与天弘基金双方的数据传输与系统交互。解决这些问题，需要金融业务人员对余额宝产品功能和实施方案进行解读，然后借助 IT 技术人才力量来实现这一目标。

1.3.2 余额宝的系统建设

面对庞大的数据量，原先的系统已无法负载，余额宝展开了一期系统建设。在一期系统建设中，采用了传统的 IOE 架构，实现了支付宝开户、申购和赎回等实时请求以及每天的离线对账文件，并通过 MSTP 专线进行通信。这种实时请求通过 Radware 硬件负载均衡分发到两台前置机，前置机在做完报文解析后，将请求发送到 XP 的消息队列。然后由 BP 以主动负载均衡的机制，从 XP 中取出相应请求进行处理，处理结果保存到后端数据库中，具体原理如图 1.1 所示。

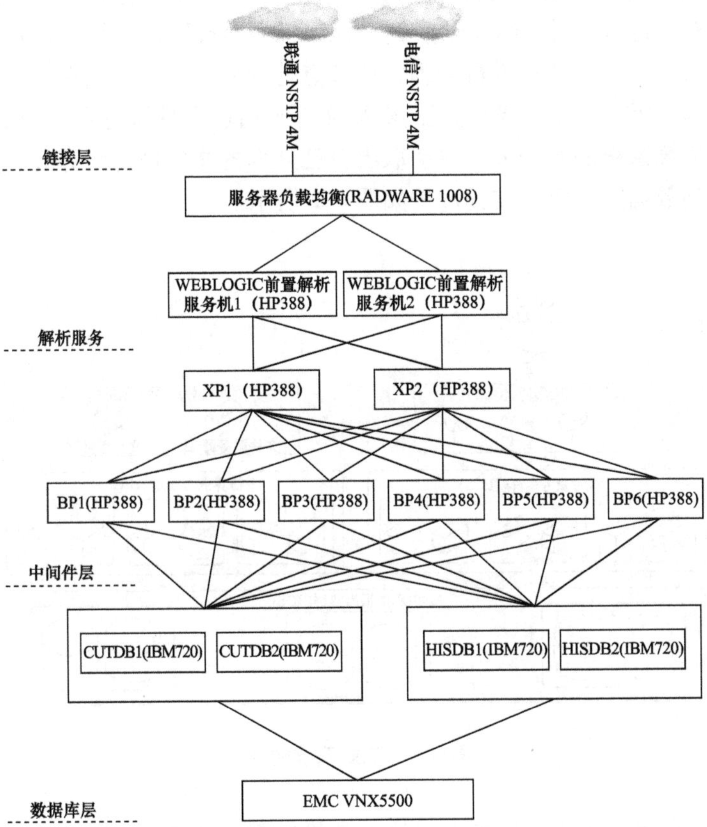

图 1.1 一期系统构架

一期系统上线后，数据量和交易量暴增，原有平台无法负荷。如果继续采用一期的 IOE 架构，投入将要增加数千万（主系统 + 同城灾备 + 异地灾备等），设备、软件之外，甚至是余额宝一期所用的机房也完全无法满足需求。于是，开始了二期系统的建设，阿里金融云提供的云计算服务有 ECS（弹性计算服务）、RDS（关系型数据库服务）和 SLB（负载均衡服务），它们分别对应于一期系统中的 HP 和 IBM 服务器、Oracle 数据库和硬件负载均衡设备，其构架是将清算和直销的集群分为两组独立集群，但使用相同的 RDS 数据库服务，既避免了在应用层面的资源争抢，又做到了数据的共享。其中，实时请求会先到达 4 个互为冗余备份的 SLB（负载均衡），避免 SLB 单点故障。SLB 将请求转发给 5 台前置机，前置机会按照拆分算法，将该请求路由到相应的节点进行处理，该节点处理完毕后，数据保存到该组对应的 RDS 数据库。而每天的对账文件则通过文件服务器进行拆分，然后清算系统的每个节点主动取出自己处理的文件进行清算处理，再保存到数据库，整个实施过程如图 1.2 所示。

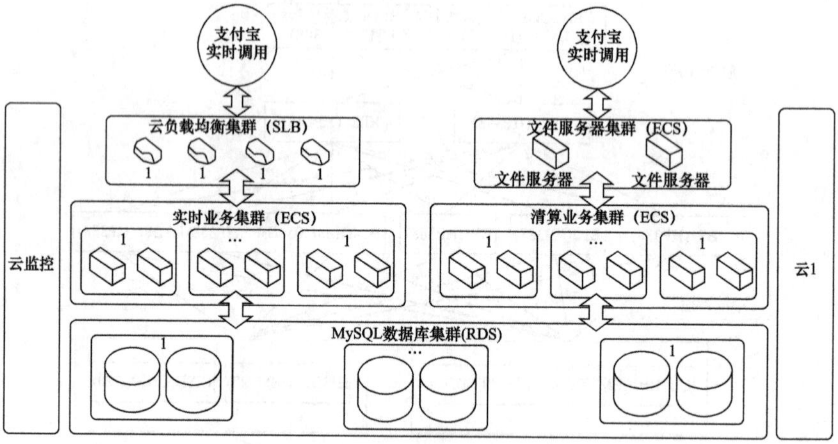

图 1.2　二期系统构架

二期系统大大地提高了系统的清算时间。在 2013 年 11 月 11 日的“双十一”活动中，余额宝完成了 1679 万笔赎回和 1288 万笔申购的清算工作，成功为639万用户正确分配收益，当天处理了61.25亿元的消费赎回，119.97亿元的转入申购，而系统只用了46分钟就将全部清算工作完成。

实际上，二期系统现已不是简单的直销和清算系统，它每天面对着50个数据库里海量用户和交易数据的暴涨，这些数据的使用、价值最大化吸引了企业机构的眼球。对此，天弘基金选择了阿里云提供的ODPS（开放数据处理服务）作为大数据平台，其中ODPS是阿里集团进行离线数据处理的平台，支撑了阿里金融、淘宝等多家BU的大数据业务。天弘基金将目标锁定在余额宝产生的海量数据分析上，以求把握上亿用户的理财需求及不同的风险接受能力，创造出更多、更丰富的理财产品。

1.4 大数据人才培养

大数据学科是一门研究大数据的理论与方法、技术和大数据项目的设计、开发、运用以及对企业整体大数据问题的创造性解决方案的交叉专业。一个“大数据”问题的解决有三步：首先，将大数据问题转化为数学问题；其次，需要对这些数学问题进行统计分析、建模；最后，技术人员对整个数据的存储管理、模型算法实现以及结果展示进行技术指控和程序编写。针对此，大数据人才的培养可以从三个方向着手：一是业务人才，他们需要了解大数据概念以及与所学专业的结合，具备大数据问题以及结果分析的解读能力；二是信息挖掘人才，掌握一些统计、数学、建模、算法等，能够发掘出信息背后的有用知识；三是技术人才，需要具备IT、系统、硬件和软件知识体系，完成整个大数据技术的实现过程。

余额宝的诞生犹如一颗“金钱原子弹”，震撼了所有人，引领了整个互联网金融产品的发展，其背后凝聚着支付宝、天弘基金（基金合作方）、金证股份（软件供应商）和阿里云四家企业的人才力量，实现了大数据的应用时代。同样，培养大数据专业的学生，也需要使用类似的逻辑，从业务人员、数据分析人员以及计算机专业人员三个方面，培养出优秀的大数据从业人员。

对于大数据分析而言，该岗位的技术要求：精通 R 语言、Python、数据挖掘、语义分析（自然语言处理）等技术；掌握数据分析工具（R/SAS/SPSS/MATLAB），实现优化算法；熟悉数据库，能熟练运用 SQL 进行数据分析、挖掘、清洗和建模；掌握 Java/C ++/Python/PHP 技术；能够基于 Hadoop/MAHOUT/HBase/Hive 构建中等规模的数据分析系统，掌握脚本处理数据技术；熟悉机器学习/NLP 理论和技术；了解 UNIX/Linux 环境。

第2章　财经数据分析基础

2.1　会计基础概念

会计的含义，如英文名称 Accounting 一样，它等于 Account 加 Counting，是为了进行决策和合理的判断而对一个组织的经济信息进行确定、计量和传递的过程。会计通过确认、计量和披露三大过程，最终形成了企业的资产负债表、利润表、现金流量表和所有者权益变动表以及财务报表附注等报表。

详细的流程如图 2.1 所示。

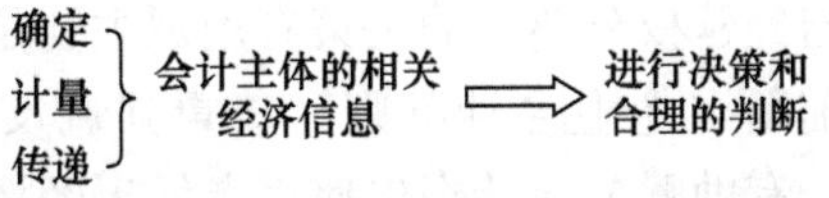

图 2.1　会计的基本逻辑（确认、计量和披露）

其中，资产负债表反映企业在一定时点上的财务状况，它包括企业的资产、负债和所有者权益。利润表是反映企业在一定会计期间经营成果的报表，由于它反映的是某一期间的情况，也称损益表、收益表，表示企业在该期间获取了多少收益。利润表中的会计要素包括收入、费用、直接计入当期利润的利得与损失、净利润。

现金流量表是反映企业在一定会计期间现金流入和流出情况的报表，现金流量表的项目包括经营活动的现金流量、投资活动的现金流量、筹资活动的现金流量。在现金流量表中，当期现金流量净额等于期末现金余额减去期初现金余额。所有者权益变动表反映了企业在一定会计期间所有者权益的变动情况，所有者权益的构成包括投入资本和留存收益。

2.1.1 会计基本职能

会计的职能是指会计在经济管理中所具有的功能。常见的会计职能主要体现在以下两个方面：一是反映（核算）职能，主要有货币计量、反映过去、连续全面等特点；二是监督（控制）职能，主要有强制性、连续性、完整性等特点。三是预测职能，根据历史和现状，应用相应的技术和工具进行有效预测。

此外，还有其他职能，如控制经济过程、分析经济效果、预测经济前景、参与经济决策等。其中，反映职能和监督职能的基本关系是：反映职能是前提、基础，监督职能是保障，它们彼此相辅相成。

2.1.2 会计基本目标

会计基本目标指的是对会计自身所提供经济信息的内容、种类、时间、方式及其质量等方面的要求以满足信息使用者需要。目前，学术界的主流观点主要有受托责任观和决策有用观。其中，受托责任观主要是指所有权与经营权分离；而决策有用观主要是针对会计信息使用者而言的。目前新《企业会计准则》着重强调反映企业管理层受托责任履行情况，有助财务会计报告使用者做出经济决策。

2.1.3 会计核心要素

企业会计的核心要素主要有资产、负债、所有者权益和收入以及成本费用。

（1）资产。资产主要是指由过去的交易、事项形成的，由企业拥有或者控制的资源，该资源预期会给企业带来经济利益。其特征主要体现在三个方面：资产预期会给企业带来经济利益；资产必须为企业所拥有或控制；资产从过去的交易、事项中获得。

按持有期限来分类，资产可分为流动资产和非流动资产。流动资产主要指的是一年内或者超过一年的一个营业周期内变现或耗用的资产，主要有库存现金、银行存款、短期投资、应收款项和存货等。非流动资产主要有长期投资、固定资产、无形资产和其他资产等。

长期投资是指持有一年以上不准备随时变现的股票、债券和其他投资。固定资产是指使用期限较长，单位价值较高，并且在使用过程中保持原有实物形态的资产，常见的有房屋建筑物、机器设备等。无形资产通常是指企业为生产商品、提供劳务、出租给他人，或为管理目的而持有的、没有实物形态的非货币性长期资产，常见的有专利权、商标权、土地使用权、非专利技术和商誉等。有形资产通常可辨认，而无形资产通常不可辨认。其他资产是指除上述资产以外的资产，常见的有长期待摊费用、银行冻结财产、诉讼中的财产等。

（2）负债。负债是指由过去的交易、事项形成的现时义务，履行该义务预期会导致经济利益流出企业。其特征主要体现在三个方面：负债预期会导致经济利益流出企业；负债是企业承担的现时义务；负债是基于过去交易或事项而产生的。

按负债的偿还期限来讲，负债可分或超过一年为流动负债和长期负债。流动负债指的是将在一年（含一年）或超过一年的一个营业周期内偿还的债务。常见的有短期借款、应付账款、应付票据、应付职工薪酬、预提费用等。长期负债是指偿还期在一年（不含一年）或者超过一年的一个营业周期以上的债务，主要有长期借款、应付债券、长期应付款。

（3）所有者权益。所有者权益是指所有者在企业中所享有的经济利益，它在数量上等于全部资产减全部负债，通常又称净资产或剩余权益。所有者权益的特征主要有：①无须偿还；②在企业清算时，接受清偿顺序在负债之后；③可分享企业利润。

所有者权益通常可分为实收资本（股本）、资本公积和盈余公积以及未分配利润。实收资本（股本）是指资本金，是投资者实际投入企业的资本；资本公积是指资本在运营过程中发生的增值，包括资本（股本）溢价、接受捐赠、资本折算差额等，又称准资本；盈余公积是指企业按照规定从净利中提取的积累资金，包括法定盈余公积、任意盈余公积和法定公益金；未分配利润是指企业未作分配的净利润。以上项目中，盈余公积和未分配利润合称留存收益，前者拨定用途，后者未拨定用途。

以上会计要素形成了企业的资产负债表，资产负债表完美地体现了会计恒等式，即资产等于负债加上所有者权益。简单的资产负债表如图 2.2 所示：

资产	=	负债+权益
流动资产		流动负债
		应付账款
现金和银行存款		应付工资
应收账款		应交税金
存货		一年内到期长期负债
		长期负债
长期资产		应付票据
		应付债券
长期投资		
机器设备		股东权益
		普通股
无形资产		资本公积——溢价发行
		保留盈余——盈余公积和未分配利润

图 2.2 简单的资产负债表

（4）收入。收入是指销售商品、提供劳务及让渡资产使用权所形成的经济利益的流入。它通常按照经营类型可分为营业收入和营业外收入，营业收入是指由企业的日常活动获得的收入，而营业外收入是由非日常活动获得的收入。

（5）成本费用。成本费用是指可以和收入配比的经济利益的流出，按经营活动类型可分为正常的成本费用和损失。收入、成本费用及利得损失相加减则形成了企业的利润。利润是指一定会计期间的经营成果，通常等于收入减去成本费用再加上利得或减去损失。简单的利润表如表 2.1 所示：

表 2.1 简单的利润表

项目	期初数	期末数
主营业务收入		
减：主营业务成本		
毛利润		
减：管理费用		
销售费用		
财务费用		
经营利润		
加：利得或损失		
利润总额		
减：所得税		
净利润		

2.1.4 会计记账方法

当前，国际通用的会计记账方法为借贷记账法。借贷记账法的记账规则：有借必有贷，借贷必相等。保持资产恒等式成立覆盖所有的资产负债表科目和损益科目。“借”、“贷”二字的含义，借字表示资产的增加，收入的减少，费用成本的增加，负债及所有者权益的减少。贷字表示资产的减少，收入的增加，费用成本的减少，负债及所有者权益的增加。

2.1.5 会计核算原则

会计主要有会计主体（Accounting Entity）、会计分期（Accounting Period）、货币计量（Monetary Unit）和持续经营（Going Concern）四大假设。在具体的会计核算中，主要有历史成本原则（Historical Cost Principle）、公允价值原则（Fair Value Principle）、收入确认原则（Revenue Recognition Principle）、配比原则（Matching Principle）和充分披露原则（Full Disclosure Principle）等。

财务报表的编制一般基于持续经营假设，企业在可以预计的将来能够持续经营，即企业无意也无须终止或缩小其经营规模。在会计核算中需要注意配比原则，包括因果配比、时间配比。同时还需要注意稳健性原则。稳健性原则要求：坏消息需要马上、充分确认汇报，而好消息不能马上、充分确认汇报。在会计计量中有历史成本原则、公允价值原则。在会计披露中，要坚持一贯性（Consistency）、充分披露（Full Disclosure）、重要性（Materiality）等会计信息质量要求。

会计计量的属性有权责发生制和收付实现制。权责发生制（Accrual Basis）是指企业的会计核算对于收入和费用，不论是否已有现金的收付，按其是否影响各个会计期间的经营成果和收益情况，确定其归属期，即于交易发生时，而不是在款项实际收付时进行会计确认。

会计账户分为两类，即资产负债表账户（存量账户）和损益表账户（流量账户）。年底的工作主要是计算各个资产负债表账户的余额，而损益表账户“清零”，即“关账”。借记“收入”、“利得”账户，贷记“收益汇总”账户（中间账户）；贷记“成本”、“费用”、“损失”账户，借记“收益汇总”账户。若“收益汇总”账户为贷方余额（利润）时，借记“收益汇总”，贷记“留存收益”（增加股东权益）；反之，则（亏损减少股东权益）“收益汇总”账户消失，损益表科目“清零”。至此，产生资产负债表、损益表，两者共同衍生出现金流量表。

2.2 资产负债表

2.2.1 资产负债表概述

资产负债表汇报了企业所能够支配的、用来创造价值的经济资源，所以资产负债表是预测未来业绩（现金流）的出发点。如预测农民明年的收成，土地面积是他的“资产负债表”。资产负债表是一个时点上企业的全身照，资产是投资者的投入。

任何资产（或负债）的价值都取决于其未来现金流及取得这个现金流的风险（相应的折现率）。财务报表分析的目标是帮助我们更好地预测未来现金流和折现率，资产负债表是这些预测的起点。可用下式进行资产价值评估。

$$V=\frac{CF_1}{(1+r)}+\frac{CF_2}{(1+r)^2}+\frac{CF_3}{(1+r)^3}\cdots+\frac{CF_n}{(1+r)^n}$$

绝大部分资产是权益、负债融资后形成的；来了1元，形成1元资产，一一对应（历史成本）。在公允计量下，一部分资产（交易型金融资产、可供出售金融资产、投资性房地产）在历史成本之上，会增加出一块儿市值历史成本差；相对应地，股东权益中也增加出这一块儿。这一块儿是向未来看形成的资产。

资产负债表中还包含权益，权益主要有股东直接投入和股东间接投入。股东直接投入通常有公司设立投入、IPO、增发、配股、可转债、股票期权、捐赠、政府补贴，而股东间接投入则主要通过累积利润减累积分红。资产也由负债形成，负债分为融资型负债和经营型负债。融资型负债包括银行贷款、债券、票据、房地产公司的预收款、商业企业的应付款（购物卡）、拆借款（向大股东借款）。经营型负债包括应付账款、应付工资、税金、股利、租金。

因此，从资产负债表的构成来看，企业的价值等于投资者投入的价值再加上新增财富。

2.2.2 企业资产分析

由资产的定义可以看出，资产在未来可为企业带来现金流的资源，未来带来的现金流的数量可以比较准确地估计（量和时）。但要注意的是，企业有很多隐形“资产”，它是指企业的某些事项可能会产生未来的现金流，但却不能在账面确认为资产。如杰克·韦尔奇不在GE的资产负债表上、比尔·盖茨不在微软的资产负债表上。

在进行业绩预测时，通常从损益表出发，即预测收入后，再预测成本费用及利润，然后预测支撑这个损益表的资产负债表，并衍生出现金流量表。而在使用大数据技术后，一定要考虑到隐形“资产”，还要考虑宏观、行业、企业非财务信息对业绩预测的影响，这些需要在做完上述预测步骤后予以考虑，并调整预测。

在进行业绩预测时，通常从损益表出发，即预测收入后，预测成本费用及利润，然后预测支撑这个损益表预测的资产负债表，并衍生出现金流量表。而在大数据技术后，一定要考虑到隐形资产，还要考虑宏观、行业、企业非财务信息，对业绩预测的影响需要在做完上述预测步骤后予以考虑，并调整预测。

在使用大数据进行资产分析的时候，还要考虑冗余资产，即被占用的资金。如2006年以前的大股东占款，超过1年期、未计提或少计提坏账准备的应收账款，其他应收款等。闲置的厂房、设备、人员，这些冗余资产对未来业绩没有贡献，账面价值往往高估其可变现净值，扭曲盈利率、周转率、市净率等指标，导致我们误判。

2.2.3 企业负债分析

由负债的定义可以看出，负债是需要企业在未来支付经济资源的义务，企业需要支付的经济资源可以比较准确地估计（量和时），导致这种义务的事件已经发生。因为债权的价值大多数时候等于其资产负债表上的账面价值，所以我们用账面价值作为其价值评估。

在使用大数据进行企业负债分析时，要注意隐形“负债”。隐形“负债”是指有些义务是企业未来需要履行的，但现在还不能在资产负债表上确认（部分在附注披露）。如环境成本、未决诉讼、员工股票期权、衍生交易的亏损等。

2.2.4 企业权益分析

企业股东权益是指资产与负债的差额，等于股东原始资金投入减去股票回购加上历年盈利同时减去历年股利。股东原始资金投入是指创建时的股东投入和增资时的股东投入，方式有IPO、增发、配股、可转债转股等。

股权价值是我们评估的主要对象。需要注意的是由于公允价值计量，股东权益里包含了一部分未来盈利。

2.2.5 资产负债分析其他事项

利用资产负债表简单预测未来业绩时，主要有以下两种方法：

第一，过去资产回报率（ROA）×资产=明年股东和债权人总利润（损益表利润+税前利息-税金）。

第二，过去股东权益回报率（ROE）×股东权益=明年股东得到的净利润（损益表利润）。

财务比率（如ROA和ROE）变化比较缓慢，因此可以用过去的来预测将来的，用一个农民今天锄地的亩数可以预测其明天锄地的亩数，用一个学生今年的学习成绩可以预测其明年的学习成绩。

资产负债表有一个特点：所有的资产（用于发放股利、回购股票的现金除外）必须在过去或将来某一期间经过损益表。例如，以成本的形式体现为应收账款、原材料存货、车间厂房；以费用的形式体现为支付工资的现金、总部大楼、无形资产、商誉；以损益的形式体现为交易性金融资产、可供出售金融资产、持有到期投资、长期股权投资。我们尤其需要关注以比较确定的形式在未来变成成本、费用的资产科目。例如，需要以折旧形式进入成本费用的科目，如固定资产。

财务分析时，要注意以下几个方面：

（1）注意"轻"资产公司与"重"资产公司。"重"资产公司是靠投资于设备材料生产产品销售的公司，靠人力资本的程度小，一般"技术含量低"，如制造业。因此实物资产占公司价值比重大，公司的市值账面比小。"轻"资产公司主要是靠人力资本提供服务，或从事高科技产业生产的公司，如投资银行、生物制药。因此实物资产占公司比重小，公司的市值账面比大。

在财务报表分析的时候，还要注意影响资产负债表的重要会计原则。如历史成本原则与公允价值计量原则，还有稳健性原则。稳健性原则是指当某项资产的账面价值高于其市场价值或评估价值时，要通过计提资产减值准备把账面价值调下来，同时确认等额的资产减值费用计入损益表。但是不能反过来调整低估资产。去年购买的存货，但其价格今年上涨，那么存货的账面价格可能低估存货的市场价值。

（2）注意资本结构，即负债与股东权益的比率，也就是说股东每投入 1 元，又借了多少。资本结构又称财务杠杆，在 ROA 大于借款成本时提高股东回报 ROE，反之则降低 ROE。所以我们首先预测资产未来的盈利能力 ROA，才能更好地判断资本结构对未来业绩的影响。资本结构是否合理要和行业的平均资本结构一起看，不同行业资本结构差异很大。负债按照是否付息，可以分为付息负债（非流动负债 + 一年到期的非流动负债）和不付息负债。付息负债额度及利率决定未来的利息费用，付息负债高的企业对国家货币政策变动更加敏感（Leading Factors）。

（3）注意现金、非现金流动资产、非流动资产的相互对比关系。现金不足会导致流动性问题，现金过多导致资产回报率低。非现金流动资产会在短期内变成成本或费用，非流动资产变成成本费用的期限较长。两者关系在很大程度上决定了未来几年成本费用的来源和趋势。

（4）注意市值账面价值比（市净率、市倍率、PB、MV）。市值账面价值比指在一个时点上，股票价格（市值）除以之前年度（或季度）的每股账面股东权益（股东权益）。资产负债表中有低估的资产，资产负债表中有隐形的资产。会计是向后看的，强调历史成本；而股价则是向前看的，反映的是投资者对未来现金流的预期。

（5）注意资产负债表同比分析法。资产负债表同比分析法是将报表上每个项目都表示成总资产（负债和股东权益）的百分比，在不同的时间上进行同比时间序列分析，即纵向对比法。也可采用横向对比法，在不同的公司和行业间进行同比比率对比分析。

（6）注意 PB 异象（Anomaly）。股票回报应当为持有股票的风险所解释（CAPM Beta），高风险、高回报。然而，研究发现，控制风险因素后，高 P/B 低回报，低 P/B 高回报（Fama and French, 1992）。高 P/B 股票称为成长性（Glamour）股票，低 P/B 股票称为价值性（Value）股票。

（7）注意资产负债表规模与强度。资产负债表面临规模和单位资金盈利率之间的非线性关系，可能大而强，可能大而不强，可能强而不大，也可能不大也不强。

2.3 损益表

损益表汇报的内容是在一个期间内，企业运作资产负债表上的经济资源为股东创造新增资源（财富）的业绩，是利用存量资源（不仅是资产）创造增量（流量）资源的能力，这个能力的可持续性帮助我们预测其未来业绩。例如，一个农民在同样的土地上，用今年的产量可以预测明年的产量。

损益表主要包括收入、收益（利得）、损失、成本、费用和净利润。其中，收入是出售产品或提供服务取得的资产流入。而收益（利得）或损失，是指企业从事一些非经常性、非经营性的活动并获利或损失，这些利润或损失称为利得/损失，一般以净额汇报。成本是指如果企业买卖、制造或销售产品，直接进入产品的资产消耗。而费用是指为了支撑销售收入的产生而发生的非成本支出。净利润是指全部收入和利得与全部成本、费用和损失之间的差异。

2.3.1 收入分析

收入在会计上的定义为企业已经完成了自身应该完成的义务并转移了产品风险（产品运给对方了、服务提供完了），已经取得了应该获得的资产流入（现金、应收账款、实物资产等）。同时需要注意的是特殊行业的收入计量，如保险业、经营授权业、租赁业、中介行业、长期工程等。

进行收入分析，需要注意以下几个方面：

首先，进行收入构成分析，比如业务构成分析和地域构成分析。业务构成分析，比如销售商品、提供劳务、让渡资产使用权。而地域构成分析如国内与国外、国内各地区分布，尤其要注意客户集中度。

其次，各个主要产品所在行业的前景分析；行业内企业竞争力分析；着重考虑定价优势（差异性：知识的维度）、成本优势（管理效率：能力的维度）；公司内部策略分析。同时还要注意各个产品间的关系，是互补关系还是扰乱关系，还是没有关系。

再次，要注意其他信息，如已签订的订单，如飞机制造企业、造船企业；还有已预收的收入，如资产负债表负债中的预收收入、房地产行业；还要关注宏观政策，如汽车下乡、家电下乡、4万亿投资计划对水泥的需求。

最后，要确定未来收入的发展空间：在宏观、行业、企业产品竞争力与内部产品策略分析的基础上确定产品收入成长的可能空间；现有资产负债表分析提供产品收入成长的约束条件，预测约束条件在以下两方面未来能否被放松：提高生产效率（同样的资产提高产出量）、融资（负债或股权）以增加产能（增加资产提高产出量）。在这些分析基础上预测未来收入。尤其要关注产能利用度与盈利率。

2.3.2 支出分析

从收入到利润，其实是一个分配的过程，必须要进行支出分析，支出即成本和费用。成本是指原材料供货商、生产一线员工、一线提供商的支出，而销售费用是营销部门的支出，管理费用是其他管理部门、总部办公地提供商的支出，财务费用是支付给银行等的支出，税收是支付给各级政府的支出，其他投资者则涉及公允价值损益、投资损益、汇兑损益。以上这些人分剩下的是净利润，归股东所有。

成本（费用）收入比体现了股东或代表股东的管理层和其他人“讨价还价”的能力。而少数股东在资产负债表中体现为少数股东权益，在损益表中也为少数股东损益。通常有两种分析方法：一种方法是把少数股东权益算入股东权益，估计出权益价值后去掉少数股东部分；另一种方法是把少数股东权益算作负债，少数股东损益算作税后利息，关键需要口径一致。

2.3.3 影响事项

影响损益表的重要会计原则主要有权责发生制（应计制）、配比原则和稳健性原则。权责发生制（Accrual Accounting），意味着只要符合收入确认的原则，不论现金是否收到，均需要确认收入。成本费用的确认只需要符合成本费用确认的原则（见后），不论现金是否支出。损益表净利润和经营活动现金流之间的差异叫应计利润（非现金利润），与其相对应的是收付实现制（现金制）会计原则，主要应用在政府会计、中介机构会计、小企业。

配比原则是指成本费用在确认时需要配比，当期的成本费用应该是只为了当期收入产生做出贡献的支出。成本是本期带来销售收入的产品生产过程中所消耗的所有直接材料、直接人工、直接厂房折旧费等，与收入配比程度最高。本期总部发生的人工费、固定资产折旧费、企业贷款利息费、日常杂费、租赁费、税费进入营销费用、管理费用、财务费用及税收费用，这些费用和收入配比程度较高。配比原则是利用企业过去成本费用率预测企业未来成本费用率的理论基础，它增加了成本费用科目的可持续性。具体而言，成本费用科目与收入的配比性如下，产品成本与收入配比性高，管理费用与收入配比性较高，坏账费用、折旧费用与收入配比性适中；研发费用、广告费用与收入配比性较低；营业外收支与收入配比性低。通常而言，配比性差导致盈余的波动性大，进而导致盈余的持续性低。波动性指过去N年中盈余的标准差，波动性小的企业盈余的持续性高，波动性大的企业盈余的持续性低。

成本费用在确认时还需要考虑稳健性原则。一些支出虽然是为了本期及未来期间的收入做贡献，也全部确认为本期费用，如广告推广支出、研发支出和资产减值损失（本应该由本期和过去期间一起承担）。逻辑：虽然这些支出对企业的收入有贡献，但是贡献的量和时不能比较可靠地估计，稳健起见，尽早进入费用，避免高报资产和利润。稳健性原则降低了企业成本费用科目的可持续性。

2.3.4 市盈率分析

进行财务报表分析的时候还需要分析师盈余预测和分析市盈率。分析师盈余预测指的是分析师建议未来一年的股票回报率。市盈率（P/E）是股票价格与每股收益的比率，是评估公司价值的尺度之一，可以用可比公司的市盈率为首次公开发行股票IPO公司定价。P/E是相对高估或低估的原始指标，一个市场平均的P/E可以代表市场的估价水平。

P/E 异象，是指高 P/E 股票，由于谣言或者增长乏力（Glamour，Growth）在未来一年的回报更低；而低 P/E 股票（Value）在相同期间的回报更高，而且这种差异不能为风险所解释。

用 P/E 估值需要注意，负的净利润不能用于计算 P/E，包含临时性的或一次性项目的利润会使 P/E 短期波动较大，只用来源于正常和可重复性的利润计算的 P/E 才有意义。投资界人们常使用不同的利润计算 P/E，如过去的利润、预期利润、平均利润。

2.4 现金流量表

现金流量表汇报的内容是在一个期间内，企业运用资产负债表上的经济资源为股东创造新财富的业绩——以现金为衡量基础。一开始，现金流量表是资产负债表和损益表的衍生品。虽然现金流量折现模型（DCF）是最重要的估值模型，但只要资产负债表和损益表做好，衍生出的现金流量表也可以做好。所以，对现金流量表的分析既是发现错误会计处理的工具，也是发现经营问题的工具。

2.4.1 现金流量表内容

现金流量表涉及经营活动现金流、投资活动现金流、筹资活动现金流。其中，经营活动现金流涉及的是流动资产、流动负债的变动，主要包括销售产品、提供劳务收到的现金，涉及购买商品、员工工资支出的现金。其中，投资活动现金流涉及的是非流动资产的变动，主要包括购买固定资产和处置长期资产。其中，筹资活动现金流涉及的是非流动负债、股东权益的变动，主要包括借入/归还长期负债以及发行新股。

现金流量表的意义在于现金流量表解释了现金变化的原因，将变化分为经营活动、投资活动和融资活动三类，以便于将现金流与净利润进行比较。

损益表与现金流量表之间的差异：损益表解释了留存收益的变

化，基于权责发生，确认权益，需要估计，是种理念，易于被操控；现金流量表解释了现金及其等价物的变化，基于收付实现制，强调实际拥有，不能估计，是实际情况，更难被操控，企业现金流如果长期为负就要破产。

2.4.2 现金流量表计算

现金流计算公式如下：

资产 = 负债 + 权益

Δ资产 = Δ负债 + Δ权益

Δ现金资产 + Δ非现金资产 = Δ负债 + Δ权益

Δ现金资产 + Δ非现金流动资产 + Δ非流动资产 = Δ流动负债 + Δ非流动负债 + Δ权益

Δ现金 = Δ流动负债 + Δ非流动负债 + Δ权益 − Δ非现金流动资产 − Δ非流动资产

经营活动现金流是与销售产品和提供劳务相关的现金，即与企业的主营业务相关企业的主营业务，也是支付给股东和债权人资金的主要来源。如果企业长期不能产生比股东和债权人要求的回报更多的现金，企业就将破产。经营活动现金流的构成如下：销售产品和提供劳务收到的现金，处置交易性金融资产净增加额，购买商品、接受劳务支付的现金，支付员工工资，支付的各项税费以及收到的利息。

投资活动现金流是指与兼并收购、处置非流动资产相关的现金，为了支持现有的生产能力，企业必须重新购置已消耗完的资产，要更快地成长，企业就要不断购买新的资产，过时的资产需要处置掉，或者企业要更换产业。投资活动是为了提供企业经营活动现金流的固定资产资源。投资活动现金流构成如下：收回投资收到的现金，取得投资收益收到的现金，处置非流动资产收到的现金净额，处置子公司收到的现金净额，购建非流动资产支付的现金，投资支付的现金，取得子公司的现金以及收到的股利。

筹资活动现金流是指与长期借款和股东权益相关的现金流，投资活动与经营活动的现金来源于股东和债权人。这部分也可以说明有多少现金回报给资本提供者，即支付给股东和债权人的现金。注意：与经营活动有关的短期负债不在此类，如应付账款。筹资活动现金流构成如下：吸收投资收到的现金，取得借款收到的现金，发行债券收到的现金，偿还债务支付的现金，分配股利、利润或偿付利息支付的现金。三类现金流之间的关系如图 2.3 所示。

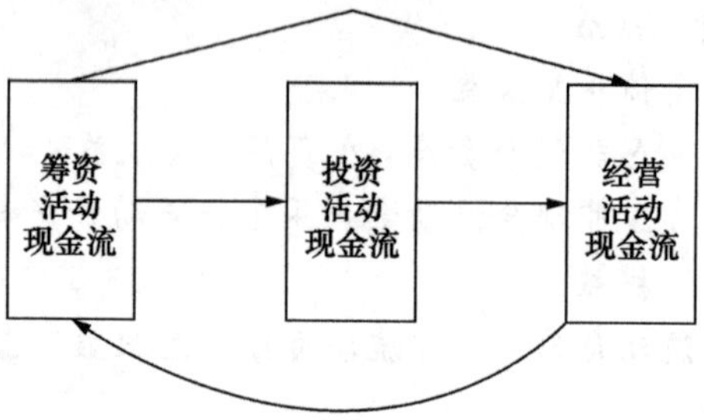

图 2.3　三类现金流之间的关系

2.4.3　自由现金流

自由现金流（Free Cash Flow），等于经营活动现金流和投资活动现金流之和。如果为正，说明企业正常产生的现金流超过它所消耗的，如一个相对稳定的企业；如果为负，说明企业正常产生的现金流不足以支撑自我发展，如一个成长型企业。使用间接法编制经营活动现金流时，净利润和经营活动现金流口径基本一致，都是衡量一年中企业的经营业绩。净利润的计算是以权责发生制为基础的，计算时我们并不关心现金是否收到。经营活动现金流是以现金收付来衡量业绩。间接法编制经营活动现金流就是要调和两个数字的差异产生的原因。

具体而言，

经营活动现金流 = 净利润 + 折旧、摊销 − 非现金及现金等价物流动资产增加 + 非现金及现金等价物流动资产减少 − 流动负债减少 + 流动负债增加 +/− 投资活动、筹资活动的影响

净利润 = 现金利润 + 应计利润

在财务分析中，要注意“现金为王”的理念。现金是资本提供的最终投资回报，已有的金融理论告诉我们，企业的价值是未来股利（现金流）的现值。有时候，利润与现金流脱节，可能有经营性理由，也可能有盈余管理理由。经营性理由是指成长型企业因为扩张利润可能会快速增加，但它现金短缺；衰退型企业利润逐渐下滑，但却持有大量现金，因为缺少投资机会。而盈余管理理由指的是企业可能操控应计利润以提高利润，但这不会影响现金流。现金少了影响企业经营，现金多了损害企业价值。现金如果返还给投资者可以产生更多回报。2008 年金融危机的发生，使我们开始重新审视最佳现金持有量。

第3章 大数据基础技术

大数据处理流程主要是指从海量数据中获取需要的信息数据并进行加工分析得到有益知识的输出过程。大数据本质也是数据，其处理流程的关键技术依然逃脱不了大数据存储和管理及大数据检索使用（包括数据挖掘和智能分析）。围绕大数据，一批新兴的数据存储、数据挖掘、数据处理与分析技术不断涌现，让我们处理海量数据更加容易、更加便宜和迅速的同时，也成为企业业务经营的好助手，甚至可以改变许多行业的经营方式。因此，一般将大数据处理流程概括为以下几个步骤：数据采集和清洗、数据存储、数据挖掘以及数据呈现，如图3.1所示。

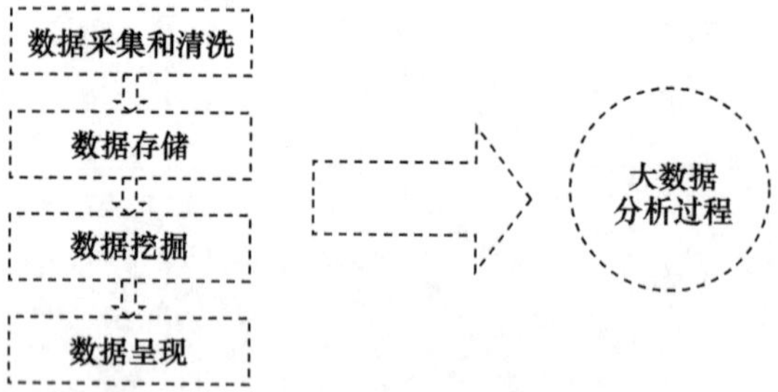

图3.1 大数据处理流程

3.1 数据采集和清洗

数据采集又称数据获取，是指从传感器与其他待测设备等模拟和数字被测单元中自动采集信息的过程。在互联网行业快速发展的今天，数据采集已经被广泛应用于互联网及分布式领域，数据采集领域已经发生了重要的变化。

随着互联网的普及，每个人每天都在网络上产生无数的数据，这些数据构成了大数据的基础。想要收集这些数据，能使用的主要工具有传感器、网络爬虫、移动基站和使用者自身产生的信息。

（1）传感器。传感器是一种检测装置，能感受到被测量的信息，并能将感受到的信息，按一定规律变换成电信号或其他所需形式的信息输出。分布在生活中的传感器产生了海量的数据来源，如监控大型强子对撞机或四发动机大型喷气式客机需要成千上万的传感器通道，产生数百 TB 的数据。

（2）网络爬虫。网络爬虫是按照一定的规则，自动抓取互联网网页信息的程序或者脚本。

（3）无源光纤网络（Passive Optical Natwork，PON）。日常的通信过程产生海量信息。

（4）使用者自身产生的信息。微信、微博、邮件等渗入大家生活，而拥有庞大用户群的微信、微博或者淘宝网上都留下了巨量的信息，这些信息便是海量数据的来源之一。

3.2 数据库和数据存储

数据库主要解决以下问题：如何存储数据、如何找到数据、如何定义数据和如何管理数据。

数据库的基本组成包括存储数据的实体、管理数据的方式和方法。

数据的存储主要关乎数据分类、数据索引、数据属性（直白点就是仓储管理）。

数据存储技术主要包括裸数据和文件系统。

具体定义如下：

（1）数据。数据是描述事务的符号记录，可用文字、图形等多种形式表示，经数字化处理后可存入计算机。

（2）数据库（DB）。数据库是按一定的数据模型组织、描述和存储在计算机内的、有组织的、可共享的数据集合。

（3）数据库管理系统（DBMS）。数据库管理系统是位于用户和操作系统之间的一层数据管理软件。主要功能包括：

数据定义功能：DBMS 提供 DDL，用户通过它定义数据对象。

数据操纵功能：DBMS 提供 DML，用户通过它实现对数据库的查询、插入、删除和修改等操作。

3.2.1 信息世界

实体：客观存在并可相互区分的事物。

实体集：性质相同的同类实体的集合。

属性：实体具有的某一特性。

实体标识符：能将一个实体与其他实体区分开来的一个或一组属性。

3.2.2 数据世界

记录⟷实体（抽象表示）

文件⟷实体集

字段或数据项⟷属性

关键字⟷实体标识符。唯一地标识一个记录，又称码、键。

3.2.3 实体—联系方法（Entity - Relationship Approach）

用 E - R 图（Entity - Relationship Diagram）描述：

（1）实体型：用长方形表示；联系：用菱形表示；属性：用椭圆形表示。

（2）框内写上相应的名称。

（3）用无向边连接。

3.2.4 数据模型

数据模型是对现实世界进行抽象的工具，它按计算机系统的观点对数据建模，用于提供数据库系统中信息表示和操作手段的形式框架，主要用于 DBMS 的实现，是数据库系统的核心和基础。

数据定义语言（DDL）

数据操作语言（DML）

数据查询语言（DQL）

数据控制语言（DCL）

（1）信息世界。

实体：客观存在并可相互区分的事物。

实体集：性质相同的同类实体的集合。

属性：实体具有的某一特性。

实体标识符：能将一个实体与其他实体区分开来的一个或一组属性。

（2）数据世界。

记录⟷实体（抽象表示）

文件⟷实体集

字段或数据项⟷属性

关键字⟷实体标识符。唯一地标识一个记录，又称码、键。

关系：对应一张表，每表起一个名称即关系名。

元组：表中的一行。

属性：表中一列，每列起一个名称即属性名。

主码：唯一确定一个元组的属性组。

域：属性的取值范围。

数据库：一个或多个数据库。

数据库的四要素：用户数据、元数据、索引和应用元数据。

3.2.5 SQL 的发展

1974 年，SQL（Structured Query Language）（ANSI 解释为 Standard Query Language）由 Boyce 和 Chambarlin 提出，在 IBM 的

SystemR 上首先实现；

1979 年 Oracle、1982 年 IBM 的 DB2、1984 年 Sybase 采用 SQL 作为数据库语言；

1986 年 10 月成为美国国家标准；

1987 年，国际标准化组织（ISO）采纳为国际标准；

1989 年，ISO 推出 SQL89；

1992 年，ISO 推出 SQL2；

目前正在制定 SQL3 标准。

完成核心功能只有 9 个动词：

数据查询：SELECT

数据定义：CREATE、DROP、ALTER

数据操纵：INSERT、DELETE、UPDATE

数据控制：GRANT、REVOKE

支持三级模式结构：

视图←→外模式

基本表（的集合）←→模式

存储文件和索引←→内模式

基本表是独立存在的表。一个关系对应一个表，一个（或多个）表对应一个存储文件，每个表可有若干索引，这些索引也可放在存储文件中。

视图是从一个或几个基本表中导出的表，概念上同基本表。但它并不真正存储数据，也不独立存在，它依赖于导出它的基本表，数据也存放在原来的基本表中。

对内模式，只需定义索引，其余的一切均由 DBMS 自动完成。

大数据的数据存储与普通数据存储的主要差别表现在数量级别和是否能存储索引非结构化数据上。在日常生活中，产生结构化数据的同时，也产生了很多不方便用数据库二维逻辑表来表现的非结构化数据。大数据处理系统，将通过 NoSQL 来存储这些非结构化数据并对这些数据进行相关的检索。

NoSQL（Not only sql）数据库，是指非关系型的数据库。目前普遍使用的关系型数据库对数据存储加入和一些需要满足的数据范式，有时需要强行修改对象数据，以满足关系型数据库管理系统的需要，但是 NoSQL 数据库则完全改变了传统的观念，通过改变某些数据范式的严格要求，获得灵活的扩展性、灵活的数据模型以及能够有效处理大数据和降低管理和维护成本等众多优点。表 3.1 是对 NoSQL 数据库与关系型数据库的原理、规模、模式等进行的一个对比分析。

表 3.1　NoSQL 和关系型数据库的简单比较

比较标准	RDBMS	NoSQL	备注
数据库原理	完全支持	部分支持	RDBMS 有数学模型支持、NoSQL 则没有
数据规模	大	超大	RDBMS 的性能会随着数据规模的增大而降低；NoSQL 可以通过添加更多设备以支持更大规模的数据
数据库模式	固定	灵活	使用 RDBMS 都需要定义数据库模式，NoSQL 则不用
查询效率	快	简单查询非常高效、较复杂的查询性能有所下降	RDBMS 可以通过索引，快速地响应记录查询（Point Query）和范围查询（Range Query）；NoSQL 没有索引，虽然 NoSQL 可以使用 MapReduce 加快查询速度，但是仍然不如 RDBMS
一致性	强一致性	弱一致性	RDBMS 遵守 ACID 模型；NoSQL 遵守 BASE（Basically Available、Soft State、Eventually Consistent）模型
扩展性	一般	好	RDBMS 扩展困难；NoSQL 扩展简单
可用性	好	很好	随着数据规模的增大，RDBMS 为了保证严格的一致性，只能提供相对较弱的可用性；NoSQL 任何时候都能提供较高的可用性

续表

比较标准	RDBMS	NoSQL	备注
标准化	是	否	RDBMS 已经标准化（SQL）；NoSQL 还没有行业标准
技术支持	高	低	RDBMS 经过几十年的发展，有很好的技术支持；NoSQL 在技术支持方面不如 RDBMS
可维护性	复杂	复杂	RDBMS 需要专门的数据库管理员（DBA）维护；NoSQL 数据库虽然没有 RDBMS 复杂，也较难以维护

随着互联网 Web2.0 网站的兴起，传统的关系数据库在应付 Web2.0 网站，特别是超大规模和高并发的 SNS 类型的 Web2.0 纯动态网站时已经显得力不从心，暴露了很多难以克服的问题，非关系型的数据库则由于其本身的特点得到了非常迅速的发展。

在信息技术融合应用的新时代，大数据就像黄金一样的新型经济资产、像石油一样的重要战略资源。为满足大数据对处理和存储能力的无限需求，现今的计算机体系结构在数据存储方面要求具备庞大的水平扩展性（Horizontal Salability，即要求满足能够连接多个软硬件的特性，这样可以将多个服务器从逻辑上看成一个实体），而 NoSQL 致力于改变这一现状。目前，Google 的 BigTable 和 Amazon 的 Dynamo 使用的就是 NoSQL 型数据库。NoSQL 数据库根据数据的存储模型和特点分为很多种类，如列存储、文档存储、Key - value 存储、图存储、对象存储、XML 存储等数据库。表 3.2 给出了几种典型的 NoSQL 数据库及其性能优缺点。

表 3.2　典型的 NoSQL 数据库分类

NoSQL 数据库类型	代表性产品	性能	扩展性	灵活性	复杂性	优点	缺点
键/值数据库	Redis Riak	高	高	高	无	查询效率高	不能存储结构化信息

续表

NoSQL 数据库类型	代表性产品	性能	扩展性	灵活性	复杂性	优点	缺点
列式数据库	HBase Cassandra	高	高	一般	低	查询效率高	功能较少
文档数据库	CouchDB MongoDB	高	可变	高	低	数据结构灵活	查询效率较低
图形数据库	Neo4J OrientDB	可变	可变	高	高	支持复杂的图算法	只支持一定的数据规模

在过去的十年里，正如交易率发生了翻天覆地的增长一样，需要存储的数据量也发生了急剧的膨胀，这种现象被称为“数据的工业革命”。为了满足数据量增长的需要，RDBMS（关系型数据库管理系统）的容量也在日益增加，但是，对于一些企业来说，随着交易率的增加，单一数据库需要管理的数据约束的数量也变得越来越让人无法忍受了。现在，大量的“大数据”可以通过 NoSQL 系统来处理，它们能够处理的数据量远远超出了最大型的 RDBMS 所能处理的极限，很好地弥补了关系数据在某些方面的不足。

3.3　数据挖掘和数据分析

在得到所需要的数据后，如何从这些海量数据中得到有效的信息，去粗取精得到用户需要的信息，这便是数据挖掘的过程，数据挖掘是一种决策支持过程。它主要基于人工智能统计学、数据库、可视化技术等，高度自动化地分析企业的数据，做出归纳性的推理，从中挖掘出潜在的模式，帮助决策者调整市场策略，减少风险，做出正确的决策。大数据分析中，主要使用的数据挖掘手段有以下几种。

3.3.1 聚类分析：如基于历史的 MBR 分析、遗传算法

聚类分析是把一组数据按照相似性和差异性分为几个类别，其目的是使得属于同一类别数据间的相似性尽可能大，不同类别数据间的相似性尽可能小。它可以应用到客户群体的分类、客户背景分析、客户购买趋势预测、市场的细分等方面。

基于历史的 MBR 分析方法最主要的概念就是用已知案例来预测未来案例的一些属性，通常寻最相似的案例来做比较。MBR 分析中有两个主要因素，距离函数与结合函数。距离函数用于找出最相似的案例，结合函数则将相似案例的属性结合起来，以供预测之用。MBR 分析方法的优点是容许各种形态的数据。

遗传算法是一种基于生物自然选择与遗传机理的随机搜索算法，是一种仿生全局优化方法。遗传算法具有的隐含并行性、易于和其他模型结合等性质使得它在数据挖掘中被加以应用。Sunil 已成功地开发了一个基于遗传算法的数据挖掘工具，利用该工具对两个飞机失事的真实数据库进行了数据挖掘实验，结果表明遗传算法是进行数据挖掘的有效方法之一。

3.3.2 关联分析：如购物篮分析

关联分析就是从大量数据中发现项集之间有趣的关联和相关联系。关联分析的一个典型例子是购物篮分析。购物篮分析就是通过发现顾客放入购物篮中的不同商品之间的联系，分析顾客的购买习惯，主要目的在于找出什么样的东西应该放在一起。根据顾客的购买行为找出相关的联想规则，这种规则的挖掘发现可以帮助零售商制定营销策略，零售商可据此分析改变置物架上的商品排列或设计吸引客户的商业套餐等，如发生在美国沃尔玛连锁超市的真实案例——“尿布与啤酒”。

3.3.3 分类分析：如决策树、判别分析

分类分析区别于聚类分析，分类分析是有监督的学习。其中决策树是数据挖掘分类算法的一个重要方法。在各种分类算法中，决策树

是最直观的一种。它通过将大量数据有目的地分类，从中找到一些有价值的、潜在的信息。它的主要优点是描述简单，分类速度快，特别适合大规模的数据处理。而判别分析是根据表明事物特点的变量值和它们所属的类，求出判别函数，根据判别函数对未知所属类别的事物进行分类的一种分析方法，其核心是考察类别之间的差异。

3.4　大数据分析与R

Hadoop的分布式数据处理模式，让原来不可能的TB、PB级数据量计算成为了可能，而R语言的强大之处在于统计分析，但是对于大数据的处理，我们只能通过抽样计算。由Revolution Analytics公司发起的一个开源项目RHadoop，对Hadoop集群上存储在Hadoop分布式文件系统中的数据进行本地R分析，并对这些计算的结果进行整合，类似MapReduce对非结构化数据的操作，这一举措使得R语言与Hadoop结合在一起，可以为用户处理千兆级的数据集。同时，也解决了标准R语言软件包常遇到的内存屏障问题。由此可以看出，这两种技术的结合既是产业界必然的导向，也是产业界和学术界的交集，更为交叉学科的人才提供了无限广阔的想象空间。那么，Hadoop与R到底是如何结合的呢？主要从以下几个方面分析：

（1）R Hadoop。R Hadoop包含三个R包（Rmr、Rhdfs、Rhbase），分别对应Hadoop系统架构中的MapReduce、HDFS、HBase三个部分。

（2）RHive。RHive是一款通过R语言直接访问Hive的工具包，是由NexR公司研发的。通过使用RHive可以在R环境中写HQL（HiveQL），将R的对象传入Hive中，在Hive中进行计算。在RHive中，小数据集在R中执行，大数据集在Hive中运行。

（3）Hadoop调用R。R可以调用Hadoop，同样地，打通Java与R的连接通道，让Hadoop也可以调用R。

第二部分

财务分析 R 与 Hadoop 语言

使用大数据进行财务分析与金融市场紧密相关，尤其是金融衍生产品。如果按照市场等级分，可以将金融市场分为一级市场和二级市场；如果按照金融产品分，则将金融市场分为资本市场（主要进行股票买卖）、债权市场、商品市场、货币市场、衍生品市场、保险市场以及外汇市场。金融市场中存在买方和卖方，所谓买方，就是金融产品的购买者，而卖方则是金融产品的出卖者。投资银行和券商主要从事设计开发原始产品以及负责原始产品的销售推广；而对冲基金、养老基金、信托公司以及资产管理公司则充当买方的角色，它们可以从投行或券商那里购买原始产品，然后通过不断优化这样的原始产品以直接销售获利，或者利用这样的原始产品来间接优化自己的固有产品，从而提升其固有产品的市场价值。比如卖方可以从买方那里购买"定价产品"，然后借助这样的产品来确定现有产品的交易价额，并最终按该价格将其产品卖给市场终端的投资者，以保证其收益的最大化。

这些"定价产品"，既运用数学和计算机模型把未来收益数量化，由此帮助金融机构制定出最优价格方案的产品，而这些产品就需要大数据技术。随着大数据技术的发展，财务积累的数据量越大，其预测效果就越可能接近未来的实际效果。为了处理浩如烟海的历史数据，产品开发者们往往离不开计算机的辅助。本部分内容将详细介绍相应的大数据技术和工具：R 语言和 Hadoop。

第 4 章　R 语言简介

4.1　R 语言概述

R 语言是集数据分析与图形显示于一体的编程语言，是一种专业的统计分析软件。R 从根本上摒弃了套用模式的傻瓜式数据分析方式，它将数据分析的主动权和选择权交给使用者本身。数据分析人员可以根据问题的背景和数据的特点，更好地思考从数据出发如何选择和组合不同的方法，并将每一层输出反馈到对问题和数据处理的新思路上。R 为专业分析提供了分析的弹性、灵活性和扩展性，是利用数据回答问题的最佳平台。

4.1.1　R 语言的优势

（1）R 是自由软件。R 的自由基于它的免费和开源。R 是一个用于统计计算的很成熟的免费软件，同时也能提供和其他同类型商业统计软件一样好的功能服务。R 还有一个亮点，即它是一款开源软件，你可以和全球一流的统计专家合作讨论，也可以上传自己的软件包，所以，可以说 R 是全世界统计学家思维的最大集中地。现如今，开放源代码的软件在科学研究和工程工作中越来越受到追捧。R 的开源性，使得它从 20 世纪 90 年代被开发出来至今，一直都在快速发展。

（2）R 的兼容性很好。R 的兼容性体现在两个方面：一方面，R

和其他程序设计语言的语法表述相似，使得有一定编程基础的人学习起来容易，并且它也是彻底地面向对象的统计编程语言，非常容易理解和使用；另一方面，R 可以实现与 Excel、SAS、SPSS 等常用统计软件的数据转换，也可以方便地插入由 C 语言等编制的计算机程序，这对数据整合工作非常有用。

（3）R 是数据可视化的先驱。R 软件提供了非常丰富的 2D 图形库和 3D 图形库，是数据可视化的先驱，能够生成从简单到复杂的各种图形，甚至可以生成动画，满足不同信息展示的需要。

（4）不断更新的加载包。Google 首席经济学家 Hal Varian 说："R 变得如此有用和如此快地广受欢迎是因为统计学家、工程师、科学家能够用它精练代码或编写各种特殊任务的包。R 包增添了很多高级算法、作图颜色和文本注释，并通过数据库连接等方式提供了挖掘技术。金融服务部门对 R 表现出了极大的兴趣，各种各样的衍生品分析包相继出现。R 最优美的地方是它能够根据自己的需求修改很多前人编写的包的代码，实际上你是站在巨人的肩膀上。"

正是由于 R 具有免费、开源、模块多样齐全等众多特点，且在 R 的综合档案网络 CRAN 中，提供了大量的第三方功能包，其内容涵盖了从统计计算到机器学习，从金融分析到生物信息，从社会网络分析到自然语言处理，从各种数据库、各种语言接口到高性能计算模型，可以说无所不包，无所不容，这也是 R 获得越来越多各行各业从业人员喜爱的一个重要原因。

4.1.2 其他常用统计软件

统计软件种类有很多，最常见的有以下五种，它们有各自的优缺点：

（1）SAS：内容全面，价格昂贵，支持编程，是数据处理和统计分析的专用软件。

（2）SPSS：操作简单、无须编程、输出漂亮、功能齐全、价格合理，非统计专业人员的首选软件。

（3）EViews：具有强大的多元回归和时间序列分析功能，计量专业首选软件。

（4）MATLAB：功能强大的编程软件，矩阵运算快，统计分析功能较少，是数值计算和图像处理的首选软件。

（5）Excel：具有简单的统计分析功能，是商务办公软件。

这些软件的共同缺点：其一是“黑匣子”，即源代码不公开，只能运用已有功能，而不能根据自身特殊需要进行修改；其二是“傻瓜软件”，对于一些简单分析，傻瓜式操作简便，适用于非统计专业人士，但是进行一些深入分析时，就无法胜任或者步骤繁复。

4.2　在Windows下获取和安装R软件

4.2.1　RGui界面

（1）登录R语言官网：http：//www. r - project. org/，可以看到如图4.1所示界面。

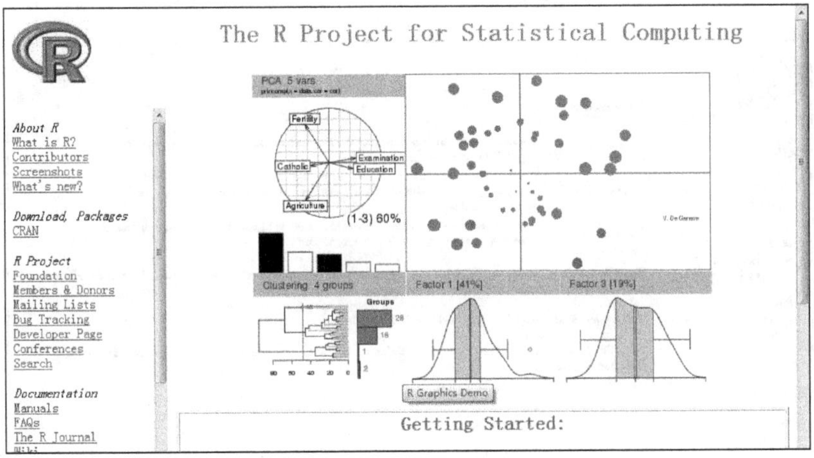

图4.1　R语言官网界面

（2）单击左侧菜单栏的“CRAN”，进入图 4.2 所示页面，有一系列国家名称排序的镜像网站，选择与你所在地相近的网站。

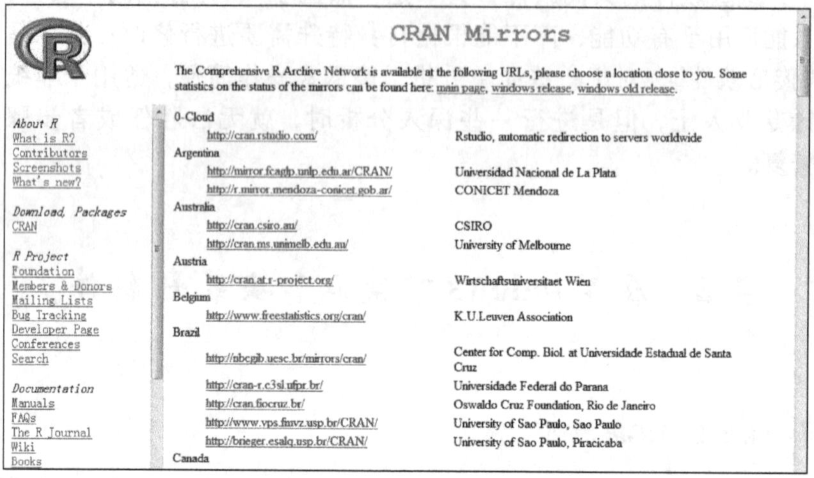

图 4.2　R 语言镜像网站选择界面

（3）依据电脑系统选择对应的下载，如图 4.3 所示。

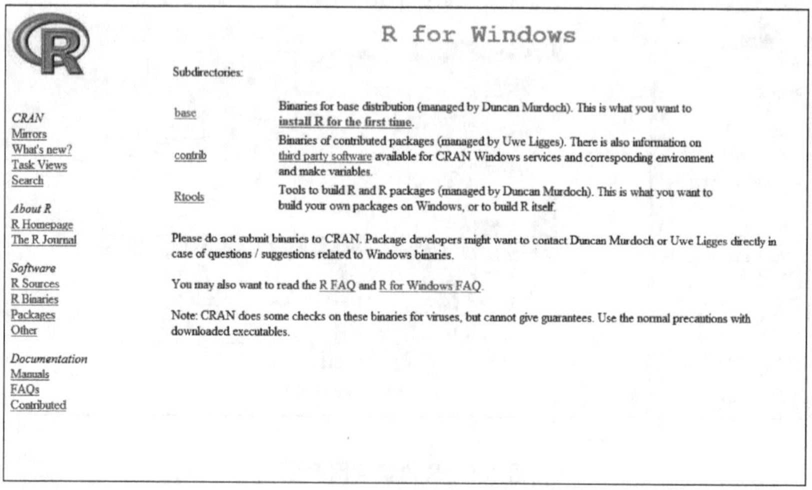

图 4.3　Windows 系统的 R 下载选择界面

（4）单击“base”进入图 4.4 所示页面，现在 R 更新到 3.1.1 版本，单击“Download R－3.1.1 for Windows”。

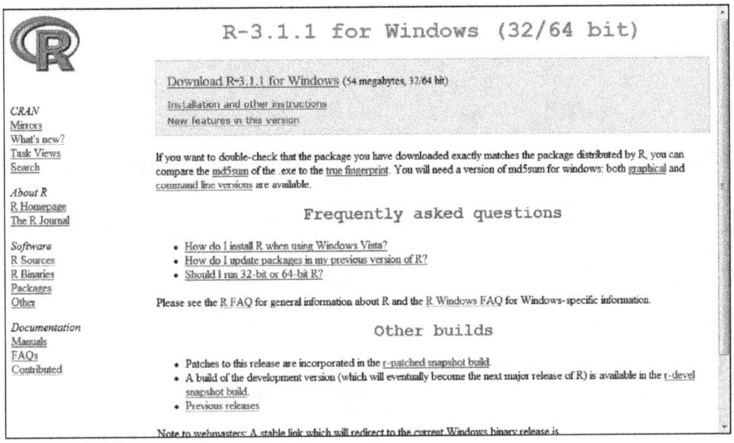

图 4.4　Windows 系统的 R－3.1.1 下载界面

（5）下载完成之后，双击程序文件进行安装，安装完成便可以运行 R，界面如图 4.5 所示。

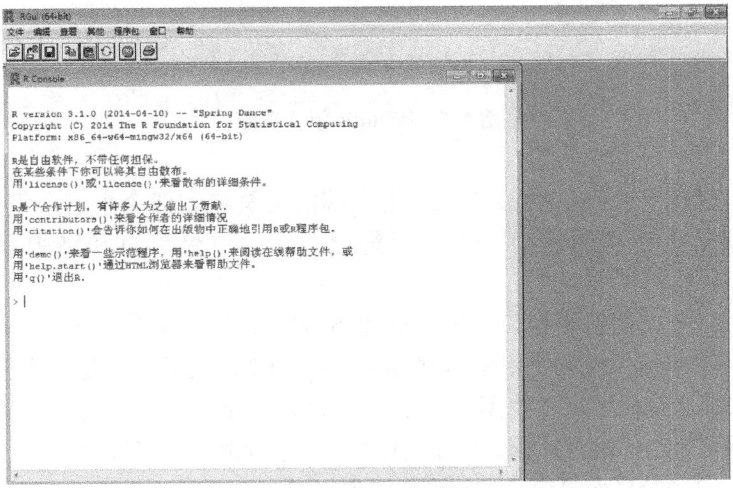

图 4.5　R 运行界面

4.2.2 RStudio 界面

可以选择下载 RStudio，界面更加友好，设计更加人性化，建议读者下载使用。下载地址为：http：//www. rstudio. com/，如图 4.6 所示。

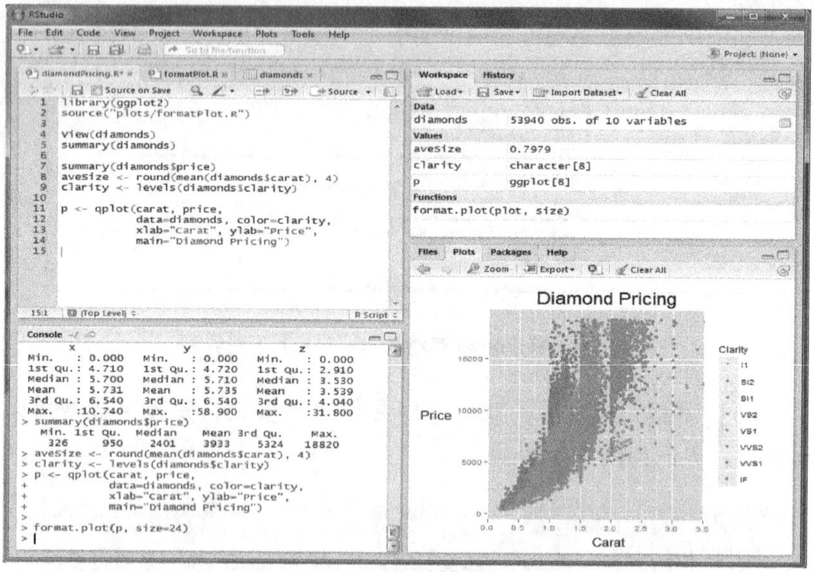

图 4.6　RStudio 操作界面

运行 RStudio，可以看到它由顶端的工具栏和四个小窗口组成，分别是文档编辑窗口、数据变量窗口、操作台窗口和结果展示窗口。

（1）文档编辑窗口。关于创建 R 文档，单击工具栏 File→New File→R Script 或者使用快捷键 Ctrl + Shift + N，就可以创建一个新的 R 文档。建议大家在使用 R 时，尽量创建一个文档来进行编辑，可以保留自己的程序代码，出错时也好修改。如图 4.7 所示。

（2）数据变量窗口。给变量赋值以后，会显示在此窗口，另外，RStudio 还提供了已安装软件包变量名和函数名查询。

（3）操作台窗口。可以进行命令输入，数据结果也在这里显示。

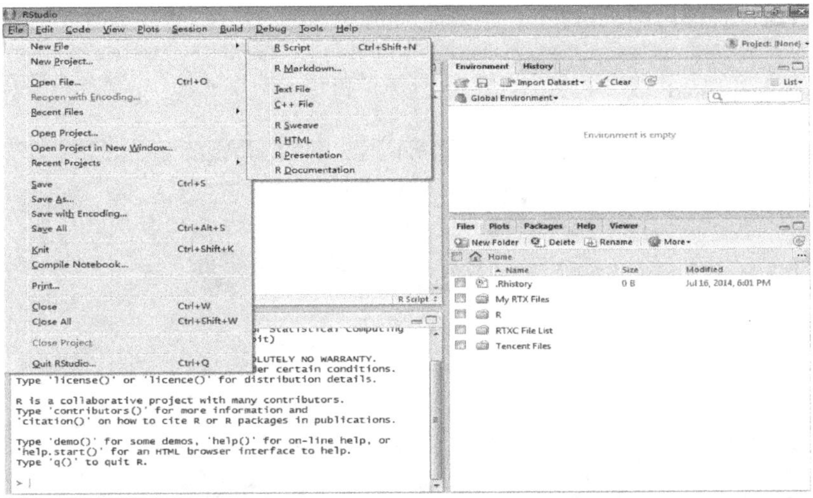

图4.7 RStudio文档创建

（4）结果展示窗口。各种酷炫的图表都将在此窗口展示，Help的内容也在这里显示，如果使用R语言，使用帮助（Help）命令将会弹出网页。RStudio还提供了快速加载软件包的功能，在后面的章节会进行详细的说明。

（5）RStudio常用快捷键。

Ctrl + L	#清除控制台输出
Ctrl + Enter	#运行光标所在行的R代码或者当前选中行的R代码
Ctrl + Shift + S	#加载当前R文件并运行
Ctrl + D	#删除整行
Ctrl + Shift + C	#注释/取消行注释；可以选中整个代码块进行注释

4.2.3 R语言的帮助（Help）

单击RStudio图表展示窗口的“Help”，这时候展示窗口充当网页展示窗口，图 4.8 为帮助文件首页，里面展示的是已经安装到本地的帮助文档。如果使用 R 的话，也可以通过如下调用语句进入帮助页面，将弹出网页链接。

```
> help. start ( )
```

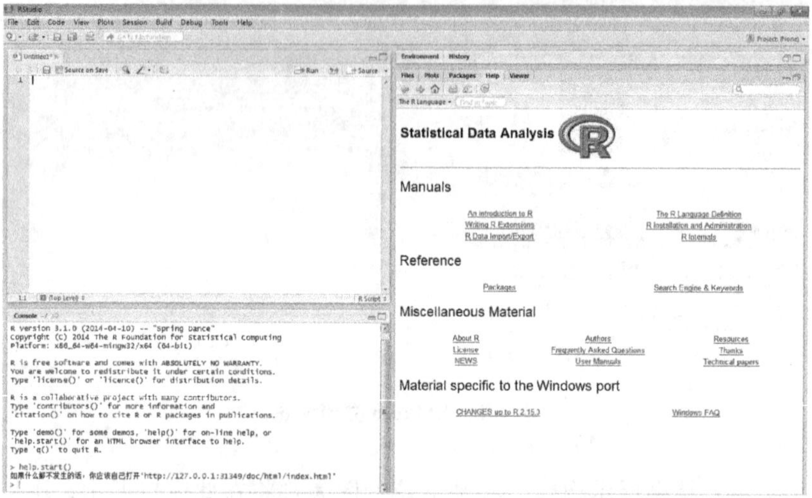

图 4.8　RStudio 的帮助界面

提示：

界面中最常使用的是 Reference（引用）部分的两个链接：

（1）Packages（R 软件包），每个 Package 都有大量数据和可以读写修改的函数/程序，R 的强大也在于此，这里有来自全世界的统计学家和数据分析师编写的 R 软件包可以供你使用，而 Packages 帮助文档包含 base 基础包和已经安装的包，单击软件包名，就可以查看函数和数据集。

（2）Search Engine & Keywords（搜索引擎与关键字），输入关键字，可以搜索相关的帮助文档。

也可以通过比较快捷的方法查看函数帮助，例如查看某函数的帮助文档：

```
>help (function)
```

查看某函数的参数：

```
>args (function)
```

查看某函数的使用示例：

```
>example (function)
```

4.3　在 Linux 上搭建 R 环境

4.3.1　搭建前的准备工作

在编译 R 之前，需要通过 yum 安装以下几个程序：

```
#yum install gcc - gfortran
```

否则报“configure：error：No F77 compiler found”错误。

```
#yum install gcc gcc - c ++
```

否则报“configure：error：C ++ preprocessor‘/lib/cpp’fails sanity check”错误。

```
#yum install readline - devel
```

否则报“- with - readline = yes（default）and headers/libs are not available”错误。

```
#yum install libXt - devel
```

否则报“configure：error：- with - x = yes（default）and X11 headers/libs are not available”错误。

其中 readline - devel、libXt - devel 在编译 R 的时候需要,而“- - enable - R - shlib”是安装 R 的共享库，在安装 RStudio 时也是需要的。

4.3.2　下载与解压（以 R -2.15.3 为例）

（1）下载。

```
#wget http://cran.r-project.org/src/base/R-2/R-2.15.3.tar.gz
```

（2）解压。

```
#tar zxvf R-2.15.3.tar.gz
#cd R-2.15.3
```

4.3.3 编译

执行命令：

```
#./configure --enable-R-shlib --with-blas=yes --with-lapack=yes --with-x=no
```

编译之前，请确保系统中安装了编译需要的包。

4.3.4 安装

R 安装完成后，启动成功。如图 4.9 所示。

```
R version 2.15.3 (2013-03-01) -- "Security Blanket"
Copyright (C) 2013 The R Foundation for Statistical Computing
ISBN 3-900051-07-0
Platform: x86_64-unknown-linux-gnu (64-bit)

R is free software and comes with ABSOLUTELY NO WARRANTY.
You are welcome to redistribute it under certain conditions.
Type 'license()' or 'licence()' for distribution details.

  Natural language support but running in an English locale

R is a collaborative project with many contributors.
Type 'contributors()' for more information and
'citation()' on how to cite R or R packages in publications.

Type 'demo()' for some demos, 'help()' for on-line help, or
'help.start()' for an HTML browser interface to help.
Type 'q()' to quit R.

> 1+1
[1] 2
```

图 4.9　R 安装完成后，启动成功

```
#make
#make install
#R
```

为了更加方便读者理解，关于R的基础介绍下面将用Windows环境下的R进行详细的阐述。关于R在Windows上的操作，在Linux上也是大同小异的。

4.4 R包（Packages）

4.4.1 如何寻找相关的Packages

CRAN上面发布了5000多个软件包，资源在哪儿？怎么使用呢？现在告诉你怎样才能找到自己需要的包。

（1）在R官网，单击“CRAN”，选择距离自己近的镜像网，也可以直接单击网址“http：//cran. rstudio. com/”，进入如图4.10所示页面。

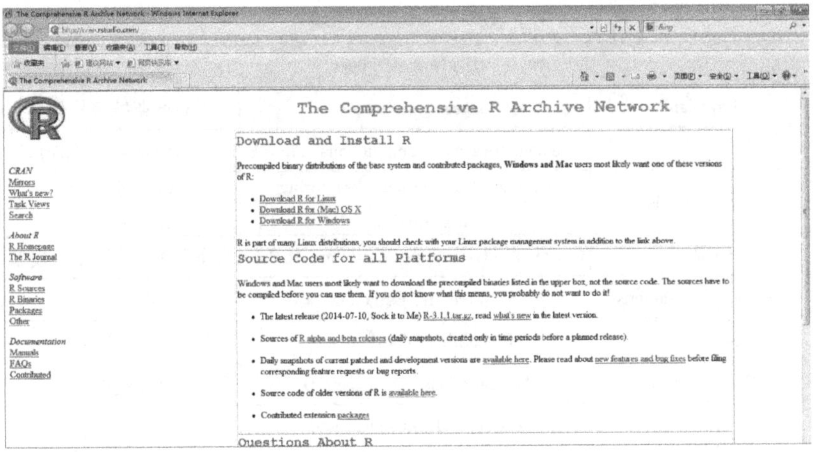

图4.10 R的资源获取界面

在左侧导航条第一部分CRAN下，可以单击“Task Views”查看任务视图，如图 4.11 所示。

图 4.11　R 的包界面

（2）Task Views 按照学科领域分门别类，现有的学科分类如表 4.1 所示。

表 4.1　R 应用领域

CRAN Task Views		
Bayesian	Bayesian Inference	贝叶斯推理分析
ChemPhys	Chemometrics and Computational Physics	化学计量学和计算物理
Clinical Trials	Clinical Trial Design, Monitoring and Analysis	临床试验设计、监控和分析
Cluster	Cluster Analysis & Finite Mixture Models	聚类分析和有限混合模型
Differential Equations	Differential Equations	微分方程
Distributions	Probability Distributions	概率分布
Econometrics	Computational Econometrics	计量经济学
Environmetrics	Analysis of Ecological and Environmental Data	生态环境数据分析
Experimental Design	Design of Experiments (DoE) & Analysis of Experimental Data	实验设计（DoE）和实验数据分析

续表

CRAN Task Views		
Finance	Empirical Finance	实证金融
Genetics	Statistical Genetics	统计遗传学
Graphics	Graphic Displays & Dynamic Graphics & Graphic Devices & Visualization	图形显示、动态图形、图形设备和可视化
High Performance Computing	High – Performance and Parallel Computing with R	高性能计算和并行计算
Machine Learning	Machine Learning & Statistical Learning	机器学习
Medical Imaging	Medical Image Analysis	医学图像分析
Meta Analysis	Meta – Analysis	荟萃分析
Multivariate	Multivariate Statistics	多元统计分析
Natural Language Processing	Natural Language Processing	自然语言处理
Numerical Mathematics	Numerical Mathematics	计算数学
Official Statistics	Official Statistics & Survey Methodology	政府统计和社会调查
Optimization	Optimization and Mathematical Programming	最优化和数学规划（运筹学）
Pharmacokinetics	Analysis of Pharmacokinetic Data	药物动力学数据分析
Phylogenetics	Phylogenetics, Especially Comparative Methods	系统发生学，比较方法
Psychometrics	Psychometric Models and Methods	心理学模型和方法
Reproducible Research	Reproducible Research	可重复性研究
Robust	Robust Statistical Methods	稳健统计方法
Social Sciences	Statistics for the Social Sciences	社会科学统计
Spatial	Analysis of Spatial Data	空间数据分析
Spatio Temporal	Handling and Analyzing Spatio – Temporal Data	时空数据处理和分析
Survival	Survival Analysis	生存分析
Time Series	Time Series Analysis	时间序列分析
Web Technologies	Web Technologies and Services	网络技术和服务
gR	gRaphical Models in R	制图模型

（3）单击相关学科，进入该学科类别，以计量经济学（Computational Econometrics）为例。如图 4.12 所示。

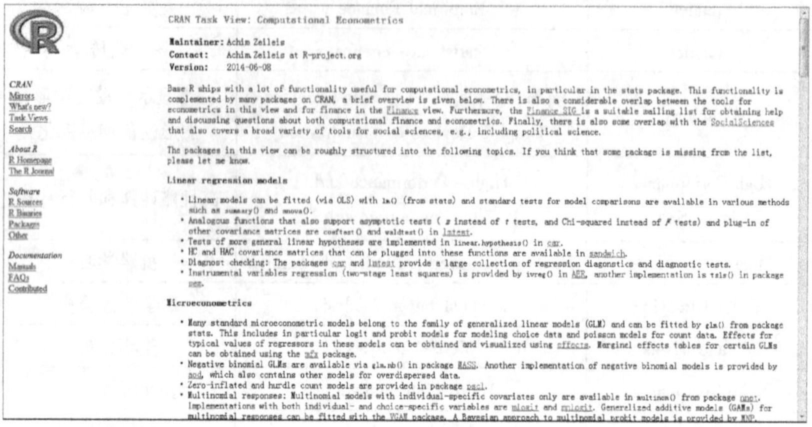

图 4.12　计量经济学的包文件示例

页面给出的这个计量经济学系列的包中大致包含以下几个主题：

Linear regression models：线性回归模型；

Microeconometrics：微观经济学；

Further regression models：其他的回归模型；

Basic time series infrastructure：基本时间序列架构；

Time series modeling：时间序列模型。

对每个主题都进行了简单的介绍，包括各个主题下有些什么软件包以及该软件包的功能。页面还按照字母表顺序列出了该学科相关所有的 Packages。还给出了相关的 CRAN Task View，如果在这个 Task View 找不到，可以去相关的 Task View 继续找。有了导航，就能轻松地找到我们需要的软件包了。

4.4.2　安装 Packages

找到需要的软件包名以后，就开始下载安装软件包。有以下几种方法可以进行安装：

方法一：网页软件包名，以 plm（Linear Models for Panel Data）

面板数据的线性模型软件包为例，如图 4.13 所示。上面有作者以及软件包的一些相关信息，选择 Windows 进行下载。

图 4.13　包的信息

如果使用 R，单击“程序包”，选择“从本地 zip 文件安装程序包”，然后选择下载好的压缩包，即可进行安装，如图 4.14 所示。

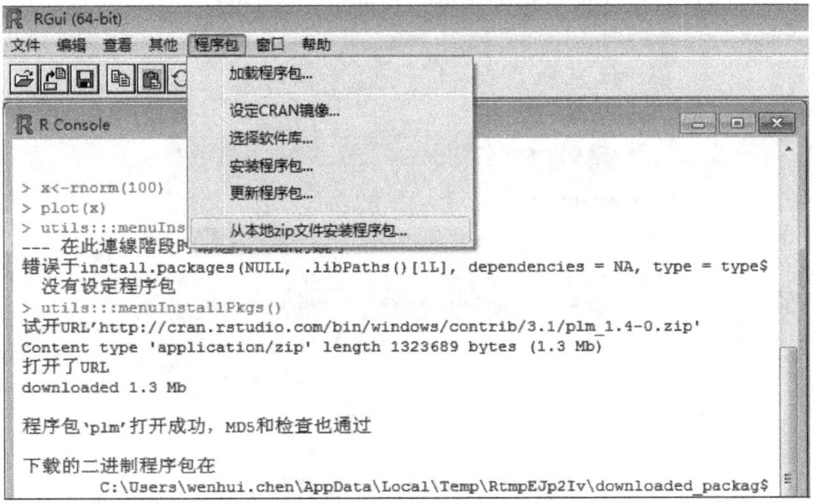

图 4.14　本地程序包的安装

如果在 RStudio 里面进行安装，Tools → Install Packages。如图

4.15 所示。

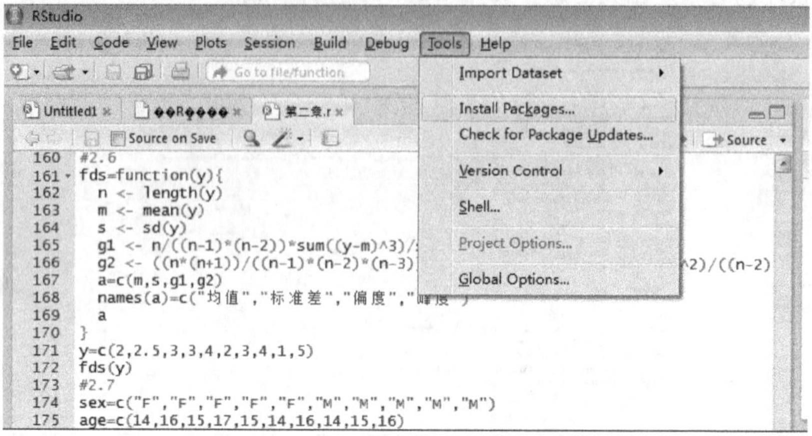

图 4.15　RStudio 包的安装菜单选择

弹出如图 4.16 所示窗口，“Install from” 选择 “Package Archive File”，然后选取之前下载的压缩包，即可完成安装。

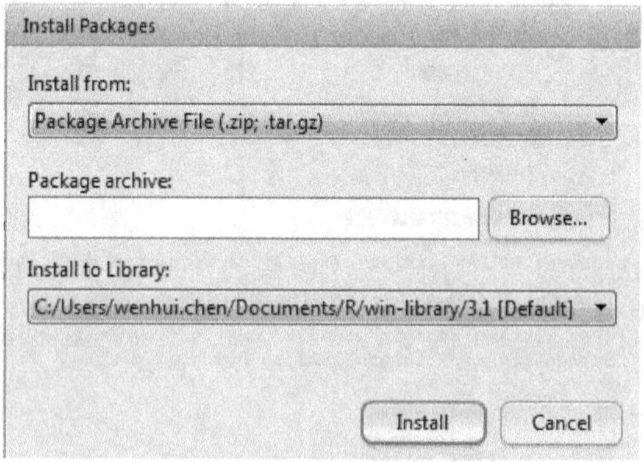

图 4.16　RStudio 包的安装界面

方法二：知道自己需要下载安装的 Packages 名，可以直接在软件中完成下载安装。

如果使用R，可以通过程序包→安装程序包进行安装，如图4.17所示。

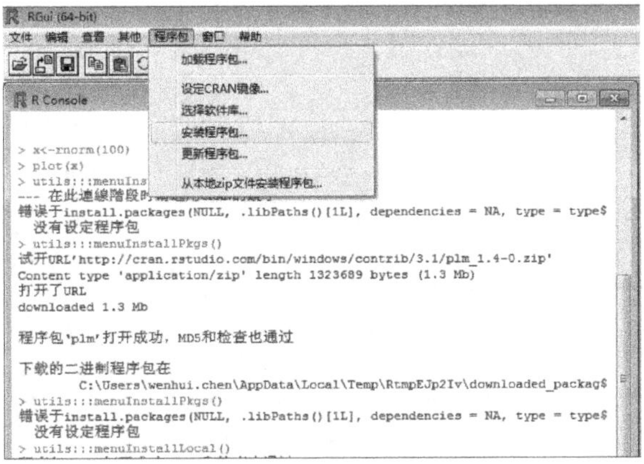

图4.17 R平台包的安装界面

单击后会弹出清单，清单是按照字母表顺序排列的，选取“plm”，单击确定，即可完成安装。如图4.18所示。

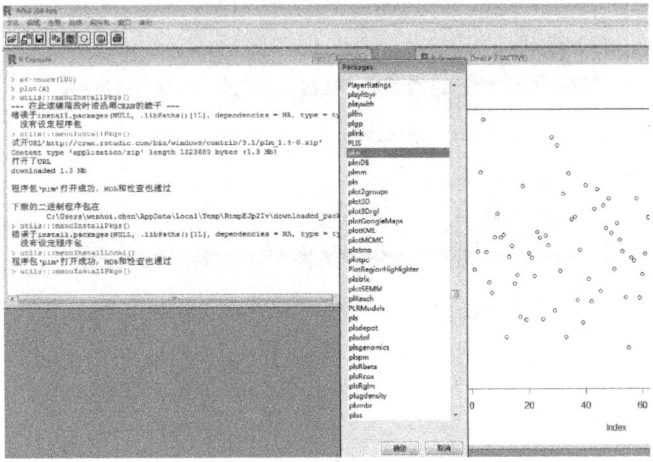

图4.18 R平台包的名称选择

如果使用 RStudio，可以单击左上方小窗口的"Packages"，如图 4.19 所示。

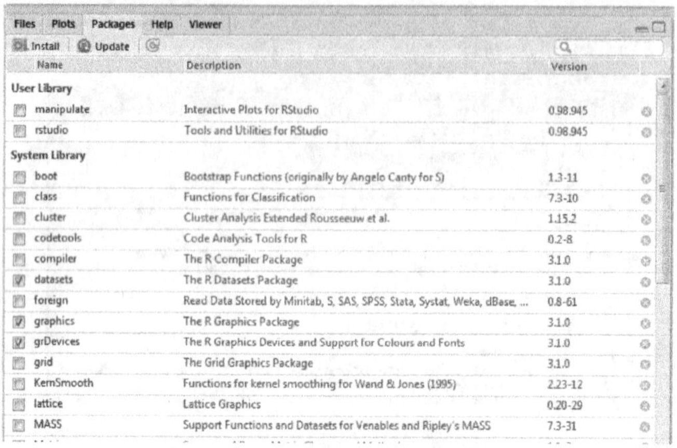

图 4.19　显示 RStudio 中已经安装好的包

显示的是已经安装好的软件包，单击"Update"，可以实现对已经安装 Packages 的升级。单击"Install"，会弹出如图 4.20 的所示的窗口。

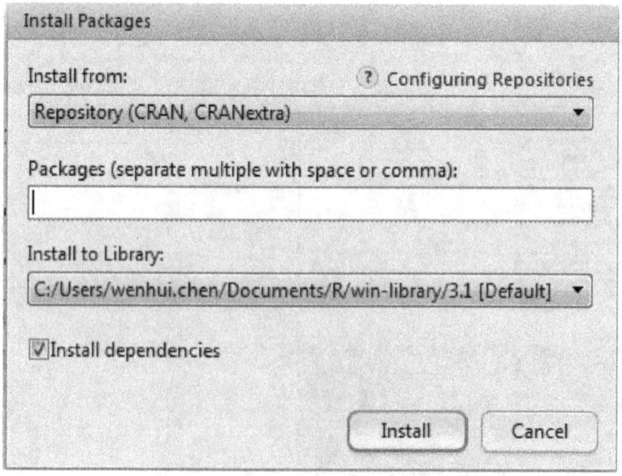

图 4.20　RStudio 包的安装界面

"Install from" 选择 "Repository (CRAN, CRANextra)", 表示从网上下载需要安装的软件包，安装路径 Library 是默认的。在第二栏键入需要下载安装的 Packages 的名称 plm，单击 "Install"，就可以进行安装了。安装好的 Packages 会进入到软件包库 Library 里面，并且自动显示在已安装的条目下。

方法三：无论 R 还是 RStudio 都可以用命令实现安装，语句如下：

```
install. packages ("plm")
```

建议读者先在官网了解软件包的功能，然后再在软件中直接进行下载安装。

4.4.3 调用 Packages

Packages 安装好后，要加载才能进行使用；没有加载，软件包中的函数是无法调用的。R 开启后，自带的标准包已经加载好，可以直接使用，如 base、datasets、graphics 等，不带任何参数的 library () 函数可打开当前系统中所有包中的信息。

```
>library ()
```

如果要使用其他软件包，可以使用命令语句 library () 进行加载，使用以后将它从内存释放，例如：

加载 splines 软件包：

```
>library (splines)
```

卸载 splines 软件包：

```
>pkg < - "package: splines"
>detach (pkg, character. only = TRUE)
```

如果使用 RStudio，可以用更加快捷的方式进行 Packages 的加载，如图 4.21 所示，RStudio 右下方小窗口，"Packages" 选项菜单中显示了已经安装好的软件包，在前面的选项小方框中进行勾选（单击小方框）就可以实现加载，再取消勾选，就可以使软件包从内存中释放。

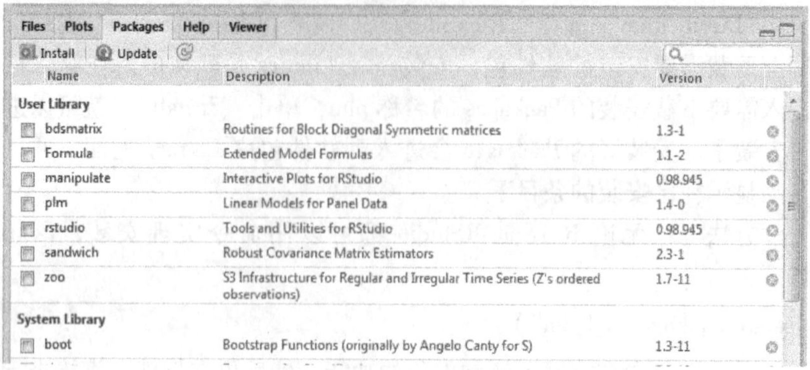
Files Plots Packages Help Viewer
Install Update
Name Description Version
User Library
bdsmatrix Routines for Block Diagonal Symmetric matrices 1.3-1
Formula Extended Model Formulas 1.1-2
manipulate Interactive Plots for RStudio 0.98.945
plm Linear Models for Panel Data 1.4-0
rstudio Tools and Utilities for RStudio 0.98.945
sandwich Robust Covariance Matrix Estimators 2.3-1
zoo S3 Infrastructure for Regular and Irregular Time Series (Z's ordered observations) 1.7-11
System Library
boot Bootstrap Functions (originally by Angelo Canty for S) 1.3-11

图 4.21 通过界面操作加载包

每个 library 都有许多数据，在每个 library 输入"data（）"，就知道有什么数据。

比如，调出数据泰坦尼克号事件（Titanic）：

```
>data. frame (Titanic)
>data (Titanic)
>Titanic
, , Age = Child, Survived = No
     Sex
Class   Male   Female
1st     0      0
2nd     0      0
3rd     35     17
Crew    0      0
, , Age = Adult, Survived = No
     Sex
Class   Male   Female
1st     118    4
2nd     154    13
3rd     387    89
Crew    670    3
```

```
, ,  Age = Child, Survived = Yes
Sex
Class     Male     Female
1st       5        1
2nd       11       13
3rd       13       14
Crew      0        0
, ,  Age = Adult, Survived = Yes
      Sex
Class     Male     Female
1st       57       140
2nd       14       80
3rd       75       76
Crew      192      20
```

提示：

R 语言对大小写敏感，输入错误会导致命令无法实现。

4.5 工作目录和工作空间

4.5.1 获取和设定工作目录

工作目录（Working Directory）是 R 用来读取文件和保存结果的默认目录。

（1）通过命令行获取和设定工作目录。

```
>getwd（）.#得到工作目录
[1]" C：/Users/Documents/WF"
```

这里值得注意的是：在设置路径时，初学者经常会错误使用。

```
>setwd（d：My Documents）#错误地设定工作目录
```

可以使用命令：

```
>setwd（"d：\\ My Documents"）#  正确地设定工作目录
>setwd（"d：/my Documents"）#  正确地设定工作目录
```

（2）通过工具栏获取和设定工作目录。如果是 R 软件，通过文件→改变工作目录，即可查看和设定工作目录。如图 4.22 所示。

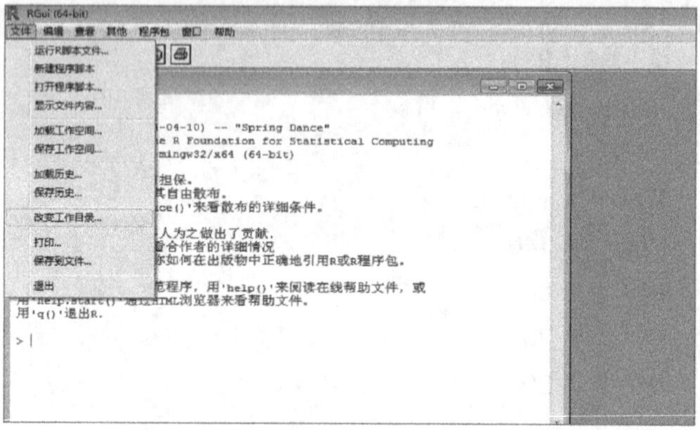

图 4.22 R 平台下的工作目录设定

如果是 RStudio，通过 Sessions→Set Working Directory→To Source File Location 进行工作目录查看，或通过→Choose Directory，进行工作目录的设定。如图 4.23 所示。

4.5.2 工作空间的保存

工作空间（Workspace）就是当前 R 的工作环境，它储存着所有用户定义的对象（向量、矩阵、函数、数据框、列表）。在一个 R 会话结束时，你可以将当前工作空间保存到一个镜像中，并在下次启动 R 时自动载入它。一般在关闭软件的时候，会弹出提示窗口，如图 4.24 所示。

也可以使用命令语句，在没有退出 R 软件的情况下保存工作空间，比如要去做其他事情，防止中途偶然的电源或电脑故障导致数据丢失。

```
>save. image（）
```

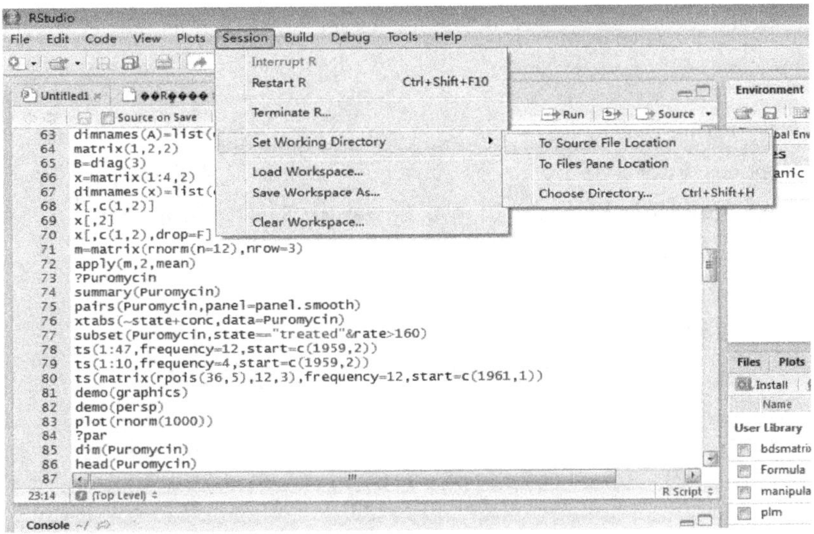

图 4.23 RStudio 的工作目录设定

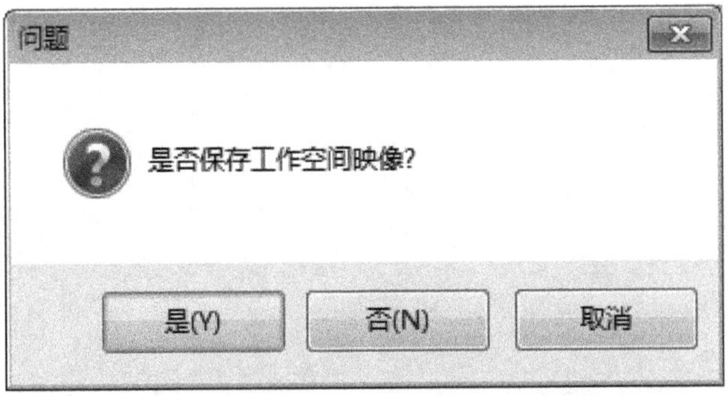

图 4.24 工作空间是否保留提示界面

保存工作空间以后，下一次启动 R 时，会自动还原。但是，工作空间不能保存当前打开的图形。退出以后就会消失，所以一定要记得保存制图代码。

4.5.3 系统设置

```
>rm (list = ls ())                              #清理系统内存
>options (digits =4)                            #结果输出位数
>par (mar =c (4, 4, 2, 1) +0.1, cex =0.8)       #图形修饰
```

第 5 章　R 语言基本操作

与其他编程语言一样，R 语言也有一些基础的操作命令，包括赋值、向量运算、矩阵运算、元素运算、逻辑运算以及简单的函数运算等。需要注意的是，R 语言对字母的大小写敏感，如变量 A 和变量 a 代表不同的变量名称。

5.1　赋值和运算

5.1.1　赋值

R 语句由函数和赋值构成。R 使用“ < - ”（像一个小箭头）表示赋值给箭头指向的变量，也可用传统的“ = ”作为赋值符号。例如以下语句：

```
>x < -10
>x
[1] 10
>9 - >y
>y
[1] 9
>a < -10 - >b
>a [1] 10
>b [1] 10
```

提示：

结果输出表示为向量形式，前面的 [1] 表示这是向量的第一个元素。另外，使用 R 可以反转赋值方向，小箭头指向的方向被赋予一定的函数值。当然，R 允许使用“=”为对象赋值，但是这样写的 R 程序并不多，因为它不是标准语法，某些情况下，用等号赋值会出现问题。

避免使用关键字作为变量名，如 c < -10，这样的命名方式在计算中极易报错，其原因在于 c()是一个连接函数。

5.1.2 简单运算

R 语言可以作为一个运行计算并显示结果的“大计算器”。base 包里面包含几乎所有科学计算的函数，使用者可以进行调用。表 5.1 列出了部分运算函数。

表 5.1 基础运算函数

简单数学运算		常用的函数		逻辑运算	
+	加法	abs	绝对值	>	大于
-	减法	sign	符号函数	> =	大于等于
*	乘法	log	自然对数	<	小于
/	除法	exp	指数	< =	小于等于
^	乘方	sqrt	平方根	= =	等于
% * %	矩阵相乘	sin	正弦函数	&	与
%% (mod)	取余数	cos	余弦函数	|	或
%/%	整除	tan	正切函数	!	非

例如：

#简单数学运算：

```
>1 +1
[1] 2
>3%%2
[1] 1
```

说明："%%" 是整除运算。

#函数运算：

```
>sign (3)
[1] 1
>sign ( -3)
[1] -1
```

说明：sign 函数是符号运算，若为正数，其返回值为 1；若为 0，返回值为 0；若为负数，则返回值为 -1。

```
>sin (0.5 * pi)
[1] 1
```

#逻辑运算：

```
>3 > =2
[1] TRUE
>2 >3
[1] FALSE
>3! =6
[1] TRUE
```

说明：逻辑运算的返回值是 TRUE 或者 FALSE 两种，经常用于函数体里面的 if 语句判断。

5.2 数据结构

R 中有许多用于存储数据的结构，包括标量、向量、数组、数据框和列表。

R 可以处理的数据类型（模式）包括数值型、字符型、逻辑型（TRUE/FALSE）、复数型（虚数）和原生型（字节）。如图 5.1 所示。

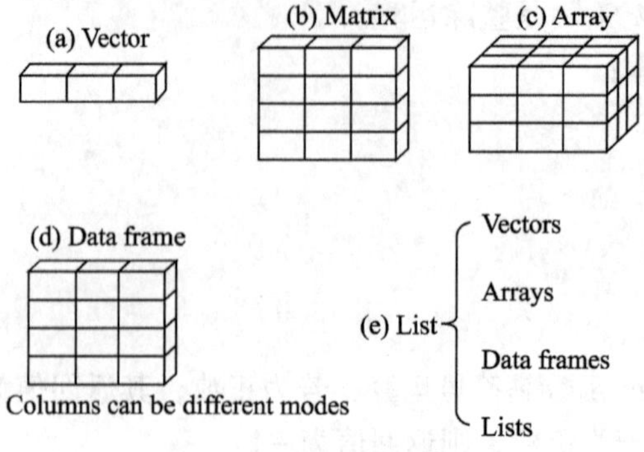

图 5.1　数据类型结构

5.2.1　向量的建立

向量 Vector（1 * n，n * 1）是用于存储数值型、字符型或逻辑型数据的一维数组。其中，只含一个元素的向量称为标量。一般执行组合功能的函数 c（）可用来创建向量，各类向量如下例所示：

```
>x< -c (1, 2, 3)
>y< -c ("广","东","省")
>z< -c (T, T, F)
```

这里，x 是数值型向量，y 是字符型向量，而 z 是逻辑型向量。

通过在方括号中给定元素所处位置的数值，我们可以访问向量中的元素。例如访问向量 x 中的第二个元素和第三个元素。

```
>x [2]
[1] 2
>x [c (2, 3)]
[1] 2  3
```

提示：

单个向量中的数据必须拥有相同的类型或模式（数值型、字符型或逻辑型）。同一向量中无法混杂不同模式的数据。

5.2.1.1　数值型向量建立

统计分析中最常用的是数值型的向量，可以使用以下四种函数进行数值型向量建立。

（1）seq（）或“:”　　#若向量具有较简单的规律

seq（from =1，to =1，by = 步长，length. out = 序列长度）

例：

```
>1: 10
[1] 1  2  3  4  5  6  7  8  9  10
>x< -c (1: 10 +3)
[1] 4  5  6  7  8  9  10  11  12  13  #: 优先级最高
>1: 10 -1
[1] 0  1  2  3  4  5  6  7  8  9
>1: (10 -1)
[1] 1  2  3  4  5  6  7  8  9
>z< -seq (1, 5, by =0.5)
>z
[1] 1.0  1.5  2.0  2.5  3.0  3.5  4.0  4.5  5.0
>z< -seq (1, 10, length =11)
>z
[1] 1.0  1.9  2.8  3.7  4.6  5.5  6.4  7.3  8.2  9.1  10.0
```

（2）rep（）　　#若向量具有较复杂的规律

rep（x，times = 序列循环次数，length. out = 序列长度，each = 每个元素出现次数）

例：

```
>z< -rep (2: 5, 2)
>z
[1] 2  3  4  5  2  3  4  5
>z< -rep (1: 3, times =4, each =2)
>z
[1] 1 1 2 2 3 3 1 1 2 2 3 3 1 1 2 2 3 3 1 1 2 2 3 3
```

（3）c（）　　#若向量没有什么规律

前面已经给出了例子，在此不再赘述。

（4） scan（）　　#通过键盘逐个键入

（5） sequence（）　#输出正的向量

例：

```
>z< -scan（）
1：1.0  1.5  2.0  2.5  3.0  3.5  4.0  4.5  5.0
10：
>z
[1] 1.0  1.5  2.0  2.5  3.0  3.5  4.0  4.5  5.0
>z< -sequence（3：5）        #将序列数结合
>z
[1] 1  2  3  1  2  3  4  1  2  3  4  5
>z< -sequence（c（10，5）） #将序列数结合
>z
[1] 1  2  3  4  5  6  7  8  9  10  1  2  3  4  5
```

5.2.1.2　字符型向量建立

字符型向量也是经常用到的，比如图表的标签。字符串输入时可以使用单引号（''），也可以使用双引号（""），常用以下两种函数进行字符型向量建立。

（1） c（）。

c（）是connect的缩写，连接组合的意思。

（2） paste（）。

paste（…，sep ="" 分隔符，collapse = NULL）

例：

```
>StockMarket< -paste（c（"上海","深圳","香港","新加坡",
"纽约"），1：12，sep =""）
>StockMarket
[1] "上海1""深圳2""香港3""新加坡4""纽约5""上海6""深圳7"
[8] "香港8""新加坡9""纽约10""上海11""深圳12"
```

5.2.2 矩阵的建立

矩阵 matrix（n * m）是一个二维数组，只是每个元素都拥有相同的模式（数值型、字符型或逻辑型）。可通过函数 matrix 创建矩阵，一般使用格式为：

```
matrix(data = NA, nrow = i, ncol = j, byrow = FALSE, dimnames =
NULL)
```

其中，data 包含了矩阵的元素，nrow 和 ncol 用于指定行和列的维数，选项 byrow 则表明矩阵应当按行填充（byrow = TRUE）还是按列填充（byrow = FALSE），默认情况下按列填充（byrow = FALSE）。dimnames 包含了可选的、以字符型向量表示的行名和列名。例如：

```
#按行排列建立 3 * 3 的矩阵:
>a < -matrix (1: 9, 3, 3, T)
>a
     [, 1] [, 2] [, 3]
[1,]    1     2     3
[2,]    4     5     6
[3,]    7     8     9
#按列排列建立 3 * 3 的矩阵:
>b < -matrix (1: 9, 3, 3, F)
>b
     [, 1] [, 2] [, 3]
[1,]    1     4     7
[2,]    2     5     8
[3,]    3     6     9
>cells < -c (9, 0, 4, 6)
>rnames < -c ("R1","R2")
>cnames < -c ("C1","C2")
>mymatrix < - matrix (cells, 2, 2, T, dimnames = list (rnames,
cnames))
```

```
>mymatrix
    C1  C2
R1  9   0
R2  4   6
```

我们可以构建上市公司的资产负债率，例如万科和恒大两个地产集团。

```
>cells < -c (0.60, 0.70, 0.81, 0.82)
>rnames < -c ("2014 年","2015 年")
>cnames < -c ("万科","恒大")
> lev < - matrix (cells, 2, 2, T, dimnames = list (rnames,
cnames))
>lev
         恒大     万科
2014 年  0.60  0.70
2015 年  0.81  0.82
```

我们可以使用下标和方括号（ [ ]）的方式来选择和提取矩阵中的行、列元素。例如，X [i,] 指提取矩阵 X 中的第 i 行的所有元素，X [, j] 指提取矩阵 X 中的第 j 列的所有元素，X [i, j] 指提取矩阵 X 中的第 i 行、第 j 列的元素。选择多行或多列时，下标 i 和 j 可为数值型向量。

例：

```
>#计算万科的资产负债率
>lev [, 1]
2014 年    2015 年
> #2015 年的资产负债率
>lev [2,]
万科     恒大
0.81     0.82
>#计算万科 2015 年的资产负债率
>lev [2, 1]
```

```
>#导出电子表格 Excel 可识别的格式
>write.csv (lev,"H:\\广外教学课件准备\\R\\lev.csv")
[1] 0.81
```

5.2.3　数组的建立

数组 array（n * m * l）与矩阵类似，但是它的维度可以大于2。数组可通过 array 函数创建，形式如下：

array（vector，dimension，dimnames）

其中，vector 包含了数组中的数据元素，dimension 是一个数值型向量，给出了各个维度下标的最大值，而 dimnames 是可选的、各维度名称标签的列表。下面给出一个创建三维（2×3×4）数值型数组的示例。

```
>dim1 <-c ("R1","R2")
>dim2 <-c ("C1","C2","C3")
>dim3 <-c ("D1","D2","D3","D4")
>z <-array (1:24, c (2, 3, 4), dimnames = list (dim1, dim2,
dim3))
>z
, ,   D1
     C1   C2   C3
R1    1    3    5
R2    2    4    6
, ,   D2
     C1   C2   C3
R1    7    9   11
R2    8   10   12
, ,   D3
     C1   C2   C3
R1   13   15   17
R2   14   16   18
```

数组是矩阵的一种推广，在编写新的统计方法时可能很有用。从数组中选取元素的方式与矩阵相同，例如：

```
>z [1, 2, 3]
[1] 15
```

5.2.4 数据框的建立

数据框 data frame（n * m）：最大的特点就是不同的列可以包含不同模式（数值型、字符型等）的数据。因此，数据框的概念较矩阵来说更为一般。通常它与在 SAS、SPSS 和 Stata 中看到的数据集类似。在 R 中，数据框是最常处理的数据结构，当数据有多种模式时，使用数据框可以将数据集放入一个矩阵。数据框可通过函数 data. frame（）创建：

data. frame（col1，col2，col3）

其中，列向量 col1，col2，col3，…，可为任何类型（如字符型、数值型或逻辑型）。每一列的名称可由函数名指定。下面举例说明：

表 5.2 病人信息登记表

病人编号（PatientID）	入院时间（AdmDate）	年龄（Age）	糖尿病类型（Diabetes）	病情（Status）
1	10/15/2009	25	Type1	Poor
2	11/01/2009	34	Type2	Improved
3	10/21/2009	28	Type1	Excellent
4	10/28/2009	52	Type1	Poor

如表 5.2 所示案例包含了不同类型的数据，通过 R 语言构建此数据框：

```
>patientID <-c (1, 2, 3, 4)
>age <-c (25, 34, 28, 52)
>diabetes <-c ("Type1","Type2","Type1","Type1")
>status <-c ("Poor","Improved","Excellent","Poor")
>patientdata <-data.frame (patientID, age, diabetes, status)
>patientdata
    patientID   age   diabetes   status
1   1           25    Type1      Poor
2   2           34    Type2      Improved
3   3           28    Type1      Excellent
4   4           52    Type1      Poor
#最基本的统计分析，包含最小值（Min.）、1/4分位数（1st Qu.）、中位数（Median）、平均值（Mean）、3/4分位数（3rd Qu.）、最大值（Max.）、众数，也就是所谓的描述性统计分析。
>summary (patientdata)
    patientID        age              diabetes     status
Min. : 1.00      Min. : 25.00     Type1: 3     Excellent: 1
1st Qu. : 1.75   1st Qu. : 27.25  Type2: 1     Improved: 1
Median: 2.50     Median: 31.00                 Poor : 2
Mean: 2.50       Mean: 34.75
3rd Qu. : 3.25   3rd Qu. : 38.50
Max. : 4.00      Max. : 52.00
>summary (patientdata $ age)
Min.    1st Qu.   Median   Mean    3rd Qu.   Max.
25.00   27.25     31.00    34.75   38.50     52.00
```

选取数据框中元素的方式有以下几种，以上述案例为例：

```
>patientdata [1: 3]
     patientID    age    diabetes
1    1            25     Type1
2    2            34     Type2
3    3            28     Type1
4    4            52     Type1
>patientdata [c ("age","status")]
     age    status
1    25     Poor
2    34     Improved
3    28     Excellent
4    52     Poor
>patientdata $ diabetes
[1] Type1  Type2  Type1  Type1
Levels: Type1  Type2
```

可以通过以下代码语句查看以及修改数据框的数据。如图 5.2 所示。

```
>edit (patientdata)
```

如表 5.3 所示会计学院学生信息：

表 5.3 会计学院学生信息登记表

学号	入学时间	年龄	性别	情况
(StudentID)	(AdmDate)	(Age)	(Sex)	(Status)
会计学院 1	10/15/2009	25	男	Poor
会计学院 2	11/01/2009	34	女	Improved
会计学院 3	10/21/2009	28	男	Excellent
会计学院 4	10/28/2009	52	女	Poor

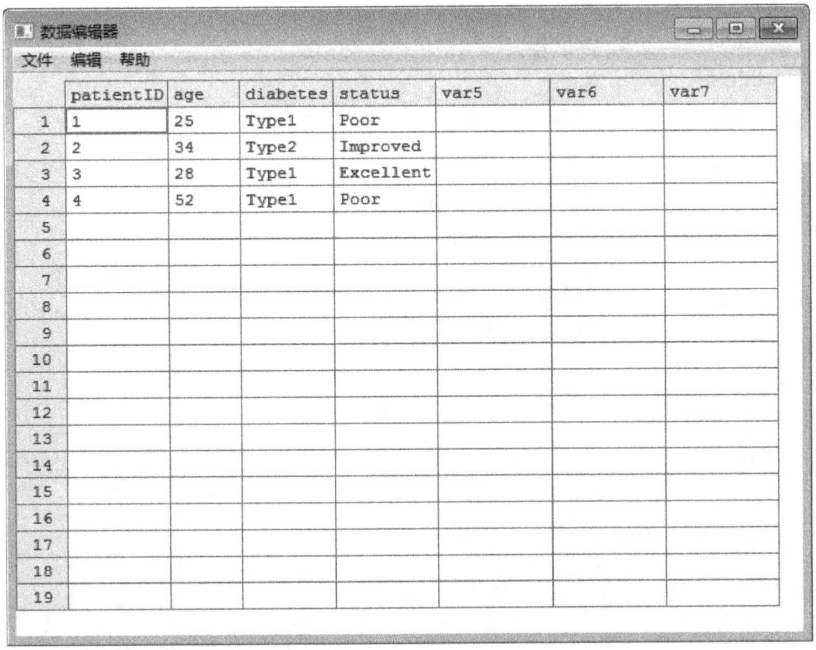

	patientID	age	diabetes	status	var5	var6	var7
1	1	25	Type1	Poor			
2	2	34	Type2	Improved			
3	3	28	Type1	Excellent			
4	4	52	Type1	Poor			
5							
6							
7							
8							
9							
10							
11							
12							
13							
14							
15							
16							
17							
18							
19							

图 5.2 病人登记信息在 R 中的窗口展示

```
> >####表 5.3  会计学院学生信息登记表
>studentID <- paste (c ("会计学院"), 1: 4, sep = "")
>age <- c (25, 34, 28, 52)
> sex <- c ("男","女","男","女")
>status <- c ("Poor","Improved","Excellent","Poor")
>studentdata <- data.frame (studentID, age, sex, status)
>studentdata
  studentID    age  sex  status
1 会计学院1     25   男   Poor
2 会计学院2     34   女   Improved
3 会计学院3     28   男   Excellent
4 会计学院4     52   女   Poor
```

```
>summary (studentdata)
  studentID        age              sex
会计学院1: 1     Min. : 25.00      男: 2
会计学院2: 1     1st Qu. : 27.25   女: 2
会计学院3: 1     Median : 31.00
会计学院4: 1     Mean: 34.75
                 3rd Qu. : 38.50
                 Max. : 52.00
      status
  Excellent: 1
  Improved: 1
  Poor: 2
>###设置工作目录
>setwd ("G: \\ R")
>getwd ()
[1]"G: /R"
>#导出电子表格 Excel 可识别的格式
>write. csv (studentdata,"G: \\ R \\ studentdata. csv")
```

如表 5.4 上市公司财务负债信息，ST 股是指境内上市公司连续两年亏损，被进行特别处理的股票。*ST 股是指境内上市公司经营连续两年亏损，被进行退市风险警示的股票。

表 5.4　上市公司财务负债信息

股票代码	资产负债率	状态	信用情况
(Stockcode)	(Lev)	(State)	(Crdedit)
000001	0.5	NST	Poor
000002	0.4	*ST	Improved
000003	0.7	ST	Excellent
000004	0.8	*ST	Poor

```
>####表5.4  上市公司财务负债信息
>stockcode < -paste (c ("00000"), 1: 4, sep ="")
>lev < -c (5, 4, 7, 8) /10
>state < -c ("NST"," * ST","ST"," * ST")
>credit < -c (" Poor"," Improved"," Excellent"," Poor")
>caiwulev < -data. frame (stockcode, lev, state, credit)
>caiwulev

  Stockcode    lev    state    credit
1   000001     0.5    NST      Poor
2   000002     0.4    * ST     Improved
3   000003     0.7    ST       Excellent
4   000004     0.8    * ST     Poor
>setwd ("G:\\R")    #设定工作目录
>getwd ()
>#导出电子表格Excel可识别的格式
>write. csv (caiwulev," G: \\ R \\ caiwulev. csv")
>#进入数据库
>edit (caiwulev)
###对资产负债率lev进行描述性统计
>summary (caiwulev $ lev)
Min.    1st Qu.    Median    Mean    3rd Qu.    Max.
0.400   0.475      0.600     0.600   0.725      0.800
```

5.3 导入和导出数据

5.3.1 导入数据

使用剪贴板是一个很方便的数据导入方法。直接选中需要导入的数据表区域，复制，然后在 R 语言中输入命令 read. table（"clipboard"），此法可用于网络数据表的抓取，只需选中需要的数据表、复制、调用命令，就能实现数据导入。

最常见的数据导入方法是使用 read. table（）或 read. csv（）导入数据。此函数可读入一个表格格式的文件并将其保存为一个数据框。其语法如下：

```
read. table（file，header = T/F，sep =" delimiter"，row. names =" name"）
read. csv（file，header = T/F，sep =" delimiter"，row. names =" name"
```

其中，file 是一个带分隔符的文本文件，header 是一个表明首行是否包含了变量名的逻辑值（TRUE 或 FALSE），sep 是用来指定分隔数据的分隔符，row. names 是一个可选参数，用于指定一个或多个表示行标识符的变量。例如：

```
> waizhairisk < - read. table（"H：\\ 广外教学课件准备 \\ 2016 年下 \\ R2015li \\ waizhairisk. csv"，header = T，sep = "，"）
> waizhairisk
```

从当前工作目录中读入了一个名为 waizhairisk. csv 的逗号分隔文件，该数据来源于新浪财经，网站地址 http：//finance. sina. com. cn/mac/#finance - 5 - 0 - 31 - 2；数据名称为“外债风险指标（1985 ~ 2014）_ 宏观数据_ 新浪财经”，从文件的第一行取得了各变量名称，最后将结果保存到了名为 waizhairisk 的数据框中。read. table 读入文本数据，对外部文件常常有特定的格式要求：第一行可以有该数据框的各变量名，随后的行中条目是各个变量的值。

提示：

参数 sep 允许导入那些使用逗号以外的符号来分隔行内数据的文件。可以使用 sep = "\t" 读取以制表符分隔的文件。此参数的默认值为 sep = ""，即表示分隔符可为一个或多个空格、制表符、换行符或回车符。

5.3.2 导出数据

可以使用 write. table（）或 write. csv（）导入数据。此函数可读入一个表格格式的文件并将其保存为一个数据框。其语法如下：

```
write. table (x, file ="", append =FALSE, quote =TRUE, sep ="",
        eol =" \ n", na ="NA", dec =".", row. names =TRUE,
        col. names =TRUE, qmethod =c ("escape","double"),
        fileEncoding ="")
write. csv (...)
write. csv2 (...)
```

例如导出外债风险 waizairisk 的数据：

```
>write. csv (waizhairisk,"H: \\ 广外教学课件准备 \\ 2016 年下 \\
R2015li \\ risk. csv")
```

5.3.3 Excel 数据的导入

由于 R 有着丰富的包资源，读取 Excel 2003/2007/2010/2013/2016 可以通过多种方式来实现。具体的包分为三类：第一类，依赖于 Java 的安装，有 RJDBC、XLConnect、xlsx 和 XLSReadWrite 包；第二类，依赖于 Perl 编译器的安装，有 gdata 包；第三类，RODBC 包，这也是常用的一种读取 Excel 数据方式，具体如下：

```
#加载包
>library (RODBC)
#连接 Excel 2003 文件
>ExcelData < -odbcConnectExcel ("test1. xls")
#获取 Excel 表的信息
>ExcelInf < -sqlTables (ExcelData)
#Excel 文件中 Sheet 的名称
> (SheetName < -ExcelInf $ TABLE_ NAME)
[1]"SSE $"
#读取相应的 Sheet 的数据
>SheetData < -sqlFetch (ExcelData, SheetName)
```

```
#查看数据前6行
>head (SheetData)
  Stkcd  Trddt       Clsprc
1 1      2011-01-04  16.02
2 1      2011-01-05  15.93
3 1      2011-01-06  15.81
4 1      2011-01-07  16.41
5     1  2011-01-10  15.98
6     1  2011-01-11  16.19
```

注意：在读取 .xlsx 文件时，可使用 odbcConnectExcel 2007 ("filename. xlsx")。

5.3.4 导入导出数据时需要注意的问题

第一，用 getwd () 获得当前目录，用 setwd (" C：/data") 设定当前目录。

第二，数据保存。

(1) 创建数据框 d。

```
>d < - data. frame (obs = c (1, 2, 3), treat = c ("A","B",
"A"), weight =c (2.3, NA, 9))
```

(2) 保存为简单文本。

```
>write. table (d, file ="D：/data/foo. txt", row. names = F, quote
=F)
```

(3) 保存为逗号分割文本。

```
>write. csv (d, file = " D：/data/foo. csv", row. names = F, quote
= F)
```

(4) 保存为 R 格式文件。

```
>save（d，file="D：/data/foo. Rdata"）
```

（5）保存工作空间镜像。

```
>save. image（） =save（list =ls（all=TRUE），file=". RData"）
```

第三，数据读取：读取函数主要有 read. table（），scan（），read. fwf（）。

（1）用 read. table（ ）读“D：\ data”下 houses. dat。

```
>setwd（"D：/data"）；
>HousePrice < -read. table（file=" houses. dat"）
```

如果明确数据第一行做表头，则使用 header 选项：

```
>HousePrice < -read. table（" houses. dat"，header=TRUE）
```

read. table（）变形有 aread. csv（），read. csv2（），read. delim（），read.

delim2（）。前两个读取逗号分割数据，后两个读取其他分割符数据。

（2）用 scan（）比 read. table（）更灵活。但要指定变量类型，如 D：\ data \ data. dat。

M 65 168

M 70 172

F 54 156

F 58 163

```
>mydata < - scan（"data. dat"，what = list（""，0，0））
>mydata < - scan（" data. dat"，what =list（Sex=""，Weight=0，
Height=0））
```

（3）用 read. fwf（ ）读取文件中一些固定宽度数据，如 D：\ data \ data. txt。

A1. 501. 2

A1. 551. 3

B1. 601. 4

```
> mydata < - read. fwf ( " data. txt ", widths = c (1, 4, 3),
col. names = c ("X","Y","Z"))
```

第四，Excel 格式数据读取。

（1）利用剪切板：选择 Excel 数据，再用（Ctrl + C）复制。在 R 中键入命令：

```
>mydata < -read. delim ("clipboard")
```

（2）使用程序包 RODBC，如 D：\ data \ body. xls。

SexWeight Height

M 65 168

M 70 172

F 54 156

F 58 163

```
>library(RODBC)
>z < - odbcConnectExcel("c: /data/body. xls")
>foo < - sqlFetch(z,"Sheet1")
>close(z)
```

5.4 数据的管理

R 有类似于结构化查询语言（SQL）中的增、删、改、查（insert，delete，update，select）等对数据库的操作，下面进行具体说明。

5.4.1 数据排序（order/sort）

在某些情况下，查看排序后的数据集可以获得相当多的有用信息。在R中，可以使用order（）函数对数据框进行排序，默认为升序。在排序变量的前边加一个减号即可得到降序的排序结果。下面利用图5.2中输入的数据框patientdata进行举例。

```
>#创建一个新的数据集，其中各行依病人的年龄升序排序：
>newdata1 <- patientdata [order (patientdata $ age),]
>newdata1
   patientID  age  diabetes  status
1          1   25  Type1     Poor
3          3   28  Type1     Excellent
2          2   34  Type2     Improved
4          4   52  Type1     Poor
>##按年龄降序排序
>newdata2 <- patientdata [order ( -patientdata $ age),]
>newdata2
   patientID  age  diabetes  status
4          4   52  Type1     Poor
2          2   34  Type2     Improved
3          3   28  Type1     Excellent
1          1   25  Type1     Poor
>####标准参数格式
>help (order)
>newdata3 <- patientdata [order (patientdata $ age,
  na.last = TRUE, decreasing = FALSE),]
>newdata3
   patientID  age  diabetes  status
1          1   25  Type1     Poor
3          3   28  Type1     Excellent
```

```
2          2  34  Type2  Improved
4          4  52  Type1  Poor
##对表5.4上市公司财务负债信息按资产负债率 lev 排序：
>newcaiwulev < -caiwulev [order (caiwulev $ lev),]
>newcaiwulev
  stockcode  lev  state  credit
2   000002  0.4  *ST    Improved
1   000001  0.5  NST    Poor
3   000003  0.7  ST     Excellent
4   000004  0.8  *ST    Poor
```

```
#各行先依病人的病情升序排序，同等病情的再依年龄升序排序：
>attach (patientdata) #载入数据
>newdata2 < -patientdata [order (status, age),]
>newdata2
>detach (patientdata) #卸载数据
```

5.4.2 数据集的合并（insert）

数据集的合并在实际运用中十分常见，如进行问卷调查，后期补录了一组变量，就需要进行列合并；几个调研员调查的样本要进行汇总，也需要进行合并。本节将分别展示向数据框中添加列（变量）和行（样本）的方法。

（1）按列合并。要横向合并两个数据框（数据集），请使用 merge（）函数。在多数情况下，两个数据框是通过一个或多个共有变量进行联结的（即一种内联结，inner join）。语法结构：

```
merge(x, y, by = intersect(names(x), names(y)), _ x000D_
by.x = by, by.y = by, all = FALSE, all.x = all, all.y = all, _
x000D_           sort = TRUE, suffixes = c(".x",".y"), _ x000D_
   incomparables = NULL, ...)
```

如果将 dataframeA 和 dataframeB 按照 ID 进行了合并。类似地，

```
newtotal < - merge (dataframeA, dataframeB, by = c (" ID",
" Country"))
```

表示将两个数据框按照ID和Country进行了合并。类似的横向联结通常用于向数据框中添加变量。

提示：

如果要直接横向合并两个矩阵或数据框，并且不需要指定一个公共索引，那么可以直接使用cbind（）函数，total < -cbind（A，B）。

将表5.4上市公司财务负债信息和表5.5上市公司净资产收益率合并，详细程序如下：

```
>#表5.4  上市公司财务负债信息
>stockcode < -paste (c ("00000"), 1: 4, sep = "")
>lev < -c (5, 4, 7, 8) /10
>state < -c ("NST","*ST","ST","*ST")
>credit < -c ("Poor","Improved","Excellent","Poor")
>caiwulev < -data. frame (stockcode, lev, state, credit)
>caiwulev
  stockcode  lev   state   credit
1   000001   0.5   NST     Poor
2   000002   0.4   *ST     Improved
3   000003   0.7   ST      Excellent
4   000004   0.8   *ST     Poor
>#导出电子表格Excel可识别的格式
>write. csv (caiwulev,"H: \\ 广外教学课件准备 \\ 2016年下 \\
R2015li \\ caiwulev. csv")
```

表5.5 上市公司净资产收益率信息

股票代码	净资产收益率	市盈率
(Stockcode)	(Roe)	(PE)
000001	0.2	30
000002	0.3	10

续表

股票代码	净资产收益率	市盈率
000003	0.3	40
000004	0.4	50

```
>  #表 5.5 上市公司财务净资产收益率信息
>stockcode < -paste (c("00000"), 1: 4, sep ="")
>roe < -c(2, 3, 3, 4)/10
>pe < -c(3, 1, 4, 5) *10
>caiwuroe < -data. frame (stockcode, roe, pe)
>caiwuroe
  stockcode  roe  pe
1    000001  0.2  30
2    000002  0.3  10
3    000003  0.3  40
4    000004  0.4  50
>#导出电子表格 Excel 可识别的格式
>write. csv(caiwuroe,"H: \\广外教学课件准备\\2016 年下\\R2015li
\\caiwuroe. csv")
>####################
>#合并表 5.4 和表 5.5 上市公司财务净资产收益率信息
>caiwutotal < -merge (caiwulev, caiwuroe, by =" stockcode")
>caiwutotal
stockcode  lev   state  credit     roe   pe
1 000001   0.5   ST     Poor       0.2   30
2 000002   0.4   *ST    Improved   0.3   10
3 000003   0.7   ST     Excellent  0.3   40
4 000004   0.8   *ST    Poor       0.4   50
>#导出电子表格 Excel 可识别的财务合并表
>write. csv (caiwutotal,"H:\\广外教学课件准备\\2016 年下\\
R2015li \\caiwuroe. csv")
```

这个函数将横向合并对象 A 和对象 B。为了让它正常工作，每个对象必须拥有相同的行数，且要以相同顺序排序。

```
>###cbind () 合并
>caiwutotal1 < -cbind (caiwulev, caiwuroe)
>caiwutotal1
  stockcode  lev  state  credit     stockcode  roe  pe
1   000001   0.5  NST    Poor       000001     0.2  30
2   000002   0.4  *ST    Improved   000002     0.3  10
3   000003   0.7  ST     Excellent  000003     0.3  40
4   000004   0.8  *ST    Poor       000004     0.4  50
```

（2）按行合并。要纵向合并两个数据框（数据集），请使用 rbind（）函数：

```
newtotal < - rbind (dataframeA, dataframeB)
```

两个数据框必须拥有相同的变量，不过它们的顺序不必一定相同。如果 dataframeA 中拥有 dataframeB 中没有的变量，请在合并它们之前做以下某种处理：

（a）删除 dataframeA 中的多余变量。

（b）在 dataframeB 中创建追加的变量并将其值设为 NA（缺失）。

纵向联结通常用于向数据框中添加样本。

表 5.6　新增上市公司财务负债信息

股票代码	资产负债率	状态	信用情况
stockcode	lev	state	credit
000006	0.8	ST	Poor
000007	0.9	*ST	Improved
000008	0.6	ST	Excellent
000009	0.6	*ST	Poor

```
#表 5.6  新增上市公司财务负债信息
>stockcode < -paste (c("00000"), 5: 9, sep ="")
>lev < -c (8, 9, 6, 6) /10
>state < -c ("ST","*ST","ST","*ST")
>credit < -c ("Poor","Improved","Excellent","Poor")
>caiwulev1 < -data. frame (stockcode, lev, state, credit)
>caiwulev1
  stockcode  lev  state  credit
1   000005   0.8  ST     Poor
2   000006   0.9  *ST    Improved
3   000007   0.6  ST     Excellent
4   000008   0.6  *ST    Poor
>####按行合并 rbind ()
>caiwulev2 = rbind (caiwulev, caiwulev1)
>caiwulev2
  stockcode  lev  state  credit
1   000001   0.5  NST    Poor
2   000002   0.4  *ST    Improved
3   000003   0.7  ST     Excellent
4   000004   0.8  *ST    Poor
5   000006   0.8  ST     Poor
6   000007   0.9  *ST    Improved
7   000008   0.6  ST     Excellent
8   000009   0.6  *ST    Poor
> #导出电子表格 Excel 可识别的财务合并表
> write. csv (caiwulev2," H: \\ 广外教学课件准备 \\ R \\ caiwu-
lev2. csv")
> ####新的数据集进行排序
> caiwulev3 < -caiwulev2 [order (caiwulev2 $ lev),]
> caiwulev3
```

```
  stockcode   lev   state   credit
2 000002      0.4   *ST     Improved
1 000001      0.5   NST     Poor
7 000007      0.6   ST      Excellent
8 000008      0.6   *ST     Poor
3 000003      0.7   ST      Excellent
4 000004      0.8   *ST     Poor
5 000005      0.8   ST      Poor
6 000006      0.9   *ST     Improved
```

5.4.3 剔除变量（delete）

剔除变量的原因有很多。比如，某个变量中有若干缺失值，在进一步分析之前就需要将其删除。常用的删除方法是通过筛选新建数据集。如下所示：

```
> newdata3 < - patientdata [, -2]
> newdata3
  patientID   diabetes   status
1 1           Type1      Poor
2 2           Type2      Improved
3 3           Type1      Excellent
4 4           Type1      Poor
> newdata3 < - patientdata [, -c (2, 3)] ##删除第2列，第3列
> newdata3
  patientID   status
1         1   Poor
2         2   Improved
3         3   Excellent
4         4   Poor
```

上面的例子剔除了数据集 patientdata 中的变量 age。其中，方框

[，-2] 表示提取所有行，除第 2 列外的所有列。

同样，可以用下面的方法进行变量 age 删除。

```
>newdata4 < -patientdata
>newdata4 $ age < -NULL   ##没有定义
>newdata4
     patientID     diabetes     status
1        1         Type1        Poor
2        2         Type2        Improved
3        3         Type1        Excellent
4        4         Type1        Poor
```

语句的含义是将 age 列设为了未定义（NULL）。注意：NULL 与 NA（表示缺失）是不同的。

```
>newdata4 < -patientdata
>newdata4 $ age < -NA ##缺失值
>newdata4
     patientID  age  diabetes  status
1        1      NA   Type1     Poor
2        2      NA   Type2     Improved
3        3      NA   Type1     Excellent
4        4      NA   Type1     Poor
```

丢弃变量是保留变量的逆向操作。选择哪一种方式进行变量筛选依赖于两种方式的编码难易程度。如果有许多变量需要丢弃，那么直接保留需要留下的变量可能更简单；反之亦然。

5.4.4 数据集提取（select）

R 拥有强大的索引特性，可以用于访问对象中的元素。也可利用这些特性对变量或观测进行选入和排除。下面将演示对变量和样本观测值进行提取或删除的若干方法。

5.4.4.1 提取变量（列）

从一个大数据集中选择有限数量的变量（列）来创建一个新的数据集，在实践应用中广泛存在。在前面的小节中提到，数据框中的元素是通过以下代码提取的，而提取部分变量的方法就是选择需要的变量的列号，方法同前文，此处不再赘述。

```
dataframe [row indices, column indices]
```

注意一点，下标留空（,）表示默认选择所有行或列。

5.4.4.2 提取样本（行）

提取或剔除样本（行）通常是成功的数据准备和数据分析的一个关键方面。在进行统计调查的时候，往往需要甄别变量，进而进行对比分析。同样，在其他的一些研究中有设置实验组和对照组，有时候需要提取一类样本来进行分析，跟提取变量一样，可以通过选择行号提取样本，也可以选择满足所需条件的样本，下面将给出例子，做出进一步说明。

```
>newdata5 < -patientdata [which (patientdata $ status = ="Poor"
&patientdata $ age >30),]
>newdata5
  patientID  age  diabetes  status
4     4      52   Type1     Poor
>attach (patientdata) ###载入数据
>newdata6 < -patientdata [which (status = ="Poor" &age >30),]
>detach (patientdata)
>newdata6
  patientID  age  diabetes  status
4     4      52   Type1     Poor
```

我们使用之前录入的数据集 patientdata 进行举例，在以上示例中，选择了所有30岁以上的状态为“Poor”的病人样本。

如果使用了 attach（）函数，就不需要在变量名前加上数据框名称，可以直接通过变量名称进行调用。养成良好的习惯，在使用 attach（）函数，调用数据集结束后，使用 detach（）函数进行释放。

5.4.5 subset（）函数

前面几节中的示例描述了逻辑型向量和比较运算符在 R 中的解释方式，理解这些例子的工作原理将有助于对 R 代码的解读。既然我们已经会使用笨办法完成任务，现在不妨来看一种简便的方法。

使用 subset 函数大概是选择变量和观测最简单的方法了。两个示例如下：

```
>newdata7 < -subset (patientdata, age > =30, select =2: 4)
>newdata7
    age  diabetes  status
2   34   Type2     Improved
4   52   Type1     Poor

>newdata8 < -subset (patientdata, status = ="Poor", select =2: 4)
>newdata8
    age  diabetes  status
1   25   Type1     Poor
4   52   Type1     Poor
```

在第一个示例中，选择了所有 age 值大于等于 30 的行，保留了变量 2 ~4 列；在第二个示例中，选择了所有状态为 Poor 的病人，并保留了变量 2 ~4 列（冒号运算符 from：to，在这里，它表示了数据框中变量 from 到变量 to 包含的所有变量）。

5.4.6 缺失值的处理

（1）缺失值的识别。在 R 语言中，缺失值通常用 NA 表示，判断缺失值的函数是 is. na（）。另一个常用的函数是 complete. cases（），它对数据框进行分析，判断某一观测样本是否完整。

下面我们读取 VIM 包中的 sleep 数据作为例子，出于版面考虑，只取它的前5列前10行作为样本。它的样本数为10，变量数为5，由complete. cases函数计算可知完整样本个数为7。

```
>data (sleep, package = "VIM")
>sleep1 < -sleep [1: 10, 1: 5]
>dim (sleep1)
  [1] 5  10
>is. na (sleep1)
    BodyWgt  BrainWgt  NonD   Dream  Sleep
1   FALSE    FALSE     TRUE   TRUE   FALSE
2   FALSE    FALSE     FALSE  FALSE  FALSE
3   FALSE    FALSE     TRUE   TRUE   FALSE
4   FALSE    FALSE     TRUE   TRUE   FALSE
5   FALSE    FALSE     FALSE  FALSE  FALSE
6   FALSE    FALSE     FALSE  FALSE  FALSE
7   FALSE    FALSE     FALSE  FALSE  FALSE
8   FALSE    FALSE     FALSE  FALSE  FALSE
9   FALSE    FALSE     FALSE  FALSE  FALSE
10  FALSE    FALSE     FALSE  FALSE  FALSE
>complete. cases (sleep1)
[1] FALSE TRUE FALSE FALSE TRUE TRUE TRUE TRUE TRUE TRUE
>sum (complete. cases (sleep1))
[1] 7
>aggr (sleep1)      ##用图形描述缺失值
```

另外，在存在缺失值的情况下，需要对缺失值是否随机进行一个粗略的判断，可以用R中mice包中的md. pattern函数。

下述结果中1表示没有缺失值，0表示为缺失值，左侧第一列表示对应横行的样本类型的个数，而最右侧的一列跟最底下一行则是分别统计缺失值的行和与列和。

（2）缺失值的处理。对于缺失值通常的有两种对付手段：①直接删除；②对数据进行插补。

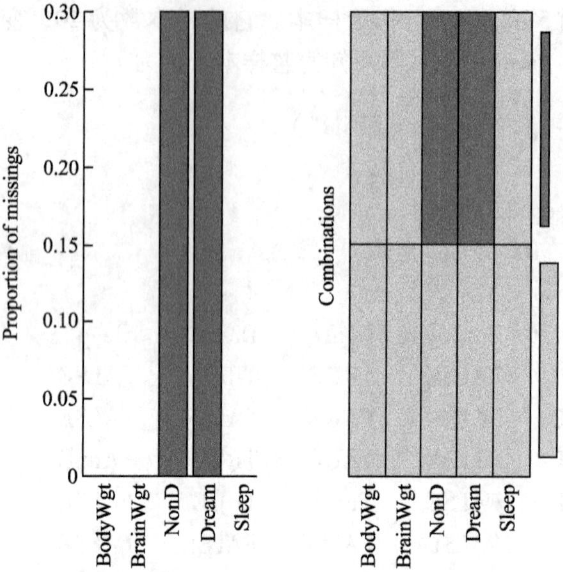

图 5.3 缺失值

```
>install. packages（"mice"）        #加载 R 包 mice
>library（mice）                    #安装 mice
>md. pattern（sleep）               #判断缺失值模式
   BodyWgt Brain Wgt Pred Exp Danger Sleep Span Gest Dream NonD
42    1      1    1    1   1    1      1     1    1    1     0
2     1      1    1    1   1    1      0     1    1    1     1
3     1      1    1    1   1    1      1     0    1    1     1
9     1      1    1    1   1    1      1     1    0    0     2
2     1      1    1    1   1    0      1     1    1    0     2
1     1      1    1    1   1    1      0     0    1    1     2
2     1      1    1    1   1    0      1     1    0    0     3
1     1      1    1    1   1    1      0     1    0    0     3
0     0      0    0    0   4    4      4    12   14   38
```

第一种是当缺失值较少时直接删除，不过前提是比例比较少，而且缺失值是随机出现的。R中用na. omit（）剔除缺失值。

```
>X<-c(1, 2, 3, 4, 5, 6, 7, NA)
>na. omit(X)
[1] 1  2  3  4  5  6  7
attr(,"na. action")
[1] 8
attr(,"class")
[1]"omit"
```

第二种是用指定值取代缺失值，比方说均值、中位数或者自定义的值。

```
>X[is. na(X)]=mean(X, na. rm=TRUE)        #用均值取代缺失值
>X
[1] 1  2  3  4  5  6  7  4
```

注意：na. rm=TRUE是在计算过程中忽略缺失值。

5.5 常用函数

在使用R软件进行数据处理和分析的时候，我们会经常使用一些函数命令来查看数据的特征和基本结构，这将有助于我们避免数据处理中的错误，如表5.7所示。

表5.7 常用函数

函数	功能
length()	显示对象元素的个数
dim()	显示对象的维度
str()	显示对象的结构
class()	显示对象的类

续表

函数	功能
mode（）	显示对象的模式
names（）	显示对象各成分的名称
c（对象 a，对象 b）	连接 a，b 两个对象
cbind（对象 a，对象 b）	按列合并 a，b 两个对象
rbind（对象 a，对象 b）	按行合并 a，b 两个对象
head（）	列出对象前六个样本
tail（）	列出对象后六个样本
ls（）	显示当前对象列表
rm（）	删除对象
fix（）	编辑对象

mode（）和 length（）是类型和长度属性函数，平时使用率比较高。

```
>mode（c（1, 3, 5））
[1]"numeric"
>mode（c（1, 3, 5） >5）
[1]"logical"
>a< -1：10
>length（a）
[1] 10
#缩短长度，会给予子集
>length（a） < -5
>a
[1] 1  2  3  4  5
>A< -matrix（seq（1：12），ncol =3）
>dim（A）[1] 4  3
>A    [, 1][, 2][, 3]
[1,]       1      5    9
[2,]       2      6    10
[3,]       3      7    11
[4,]       4      8    12
```

说明：对于矩阵、数据框、数组的长度查询需要使用 dim（），其返回值的第一个元素代表行数，第二个元素代表列数。

这里对于其他函数的使用不再逐一举例说明，根据相应的功能描述，请自行尝试学习掌握，并灵活使用。

第 6 章　Hadoop 简介

6.1　Hadoop

6.1.1　Hadoop 概述

Hadoop 是 Apache 软件基金会旗下的一个开源分布式计算平台。用户可以在不了解分布式底层细节的情况下，开发分布式程序。充分利用集群的威力进行高速运算和存储。

Hadoop 实现了一个分布式文件系统（Hadoop Distributed File System，HDFS）。Hadoop 的框架最核心的设计就是 HDFS 和 MapReduce。HDFS 为海量的数据提供了存储，则 MapReduce 为海量的数据提供了计算。

用户可以利用 Hadoop 轻松地组织计算机资源，从而搭建自己的分布式计算平台，并且可以充分利用集群的计算和存储能力，完成海量数据的处理。

6.1.2　Hadoop 的功能和特点

众所周知，现代社会的信息量增长速度极快，这些信息又积累着大量的数据，预计到 2020 年，每年产生的数字信息将会有超过 1/3 驻留在云平台中或借助云平台来处理。当我们需要对这些数据进行分析和处理时，如何对这些数据进行高效的存储和管理呢？这时我们就选用 Hadoop 系统，Hadoop 采用分布式存储方式，提高了读写速度，并扩大了存储的容量，而采用 MapReduce 来整合分布式文件，大大提高了分析和处理数据的效率。与此同时，Hadoop 还采用存储冗余数据的方式保证了数据的安全性。

Hadoop 是一个能够让用户轻松架构和使用的分布式计算平台。用户可以轻松地在 Hadoop 上开发和运行处理海量数据的应用程序。它主要有以下几个特点：

（1）高可靠性。Hadoop 按位存储和处理数据的能力值得人们信赖。

（2）高扩展性。Hadoop 是在可用的计算机集簇间分配数据并完成计算任务的，这些集簇可以方便地扩展到数以千计的节点中。

（3）高效性。Hadoop 能够在节点之间动态地移动数据，并保证各个节点的动态平衡，因此处理速度非常快。

（4）高容错性。Hadoop 能够自动保存数据的多个副本，并且能够自动将失败的任务重新分配。

（5）低成本。与一体机、商用数据仓库以及 QlikView、Yonghong Z - Suite 等数据集相比，Hadoop 是开源的，项目的软件成本因此会大大降低。

6.1.3 Hadoop 的发展与现状

由于 Hadoop 优势突出，使得 Hadoop 一出现就受到众多大公司的青睐，同时也引起了研究界的普遍关注。到目前为止，Hadoop 技术在互联网领域已经得到了广泛的运用，例如，Yahoo 使用 4000 个节点的 Hadoop 集群来支持广告系统和 Web 搜索的研究；Facebook 使用 1000 个节点的集群运行 Hadoop，存储日志数据，支持其上的数据分析和机器学习；百度用 Hadoop 处理每周 200TB 的数据，从而进行搜索日志分析和网页数据挖掘工作；中国移动研究院基于 Hadoop 开发了“大云”（Big Cloud）系统，不但用于相关数据分析，还对外提供服务；淘宝网的 Hadoop 系统用于存储并处理电子商务交易的相关数据。随着互联网的发展，新的业务模式还将不断涌现，Hadoop 的应用也会从互联网领域向电信、电子商务、银行、生物制药等领域拓展。

6.1.4 Hadoop 的核心架构

Hadoop 由许多元素构成。其最底部是 Hadoop Distributed File System（HDFS），它存储 Hadoop 集群中所有存储节点上的文件。HDFS 的上一层是 MapReduce 引擎，该引擎由 JobTrackers 和 TaskTrackers 组成。通过对 Hadoop 分布式计算平台最核心的分布式文件系统 HDFS、MapReduce 处理过程，以及数据仓库工具 Hive 和分布式数据库 HBase 的介绍，基本涵盖了 Hadoop 分布式平台的所有技术核心。如图 6.1 所示。其中，HDFS 实现对分布式存储的底层支持，用于存储 Hadoop 集群中所有存储节点上的文件，HBase 则为大量非结构化数据存储和索引提供了条件，MapReduce 则实现对分布式并行任务处理的程序支持，能够让用户编写的 Hadoop 并行应用程序运行更加简化。

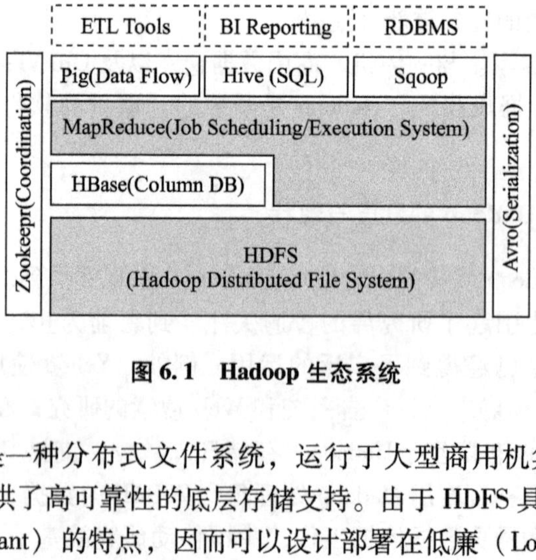

图 6.1 Hadoop 生态系统

HDFS 是一种分布式文件系统，运行于大型商用机集群，HDFS 为 HBase 提供了高可靠性的底层存储支持。由于 HDFS 具有高容错性（Fault－tolerant）的特点，因而可以设计部署在低廉（Low－cost）的硬件上，并能够以高吞吐率（High Throughput）来访问应用程序的数据，适合那些有着超大数据集的访问。HDFS 放宽了可移植操作系统接口（Portable Operating System Interface，POSIX）的要求，实现了以流的形式访问文件系统中的数据。HDFS 原本是开源的 Apache 项目 Nutch 的基础结构，最后它成为了 Hadoop 的基础架构之一。

HBase 位于结构化存储层，是一个分布式的列存储数据库，来源于 Google 的论文“BigTable：一个结构化数据的分布式存储系统”。如同 BigTable 利用了 Google 文件系统（Google File System）提供的分布式数据存储方式一样，HBase 在 Hadoop 之上提供了类似于 BigTable 的能力，也是 Hadoop 项目的子项目。HBase 不同于一般的关系数据库，其一，HBase 是一个适合于存储非结构化数据的数据库；其二，HBase 是基于列而不是基于行的模式。HBase 和 Bigtable 使用相同的数据模型，用户将数据存储在一个表里，一个数据行拥有一个可选择的键和任意数量的列。由于 HBase 表是疏松的，用户可以给行定义各种不同的列。HBase 主要用于需要随机访问、实时读写的大数据。

MapReduce 是一种编程模型，用于大规模数据集（大于 1TB）的并行运算。“映射”（Map）、“化简”（Reduce）等概念和它们的主要思想都是从函数式编程语言中借来的。它使得编程人员在不了解分布式并行编程的情况下也能方便地将自己的程序运行在分布式系统上。MapReduce 在执行时先指定一个 Map（映射）函数，把输入键值对映射成一组新的键值对，经过一定的处理后交给 Reduce，Reduce 对相同 Key 下的所有 Value 进行处理后再输出键值对作为最终的结果。

Hive 最早是由 Facebook 设计的，是一个建立在 Hadoop 上的数据仓库基础构架。它提供了一系列的工具，可以用来进行数据提取转化加载（ETL），这是一种可以存储、查询和分析存储在 Hadoop 中的大规模数据的机制。Hive 定义了简单的类 SQL 查询语言，称为 HQL，它允许熟悉 SQL 的用户查询数据。同时，这个语言也允许熟悉 MapReduce 的开发者开发自定义的 Mapper 和 Reducer 来处理内建的 Mapper 和 Reducer 无法完成的复杂的分析工作，其工作原理如图 6.2 所示。

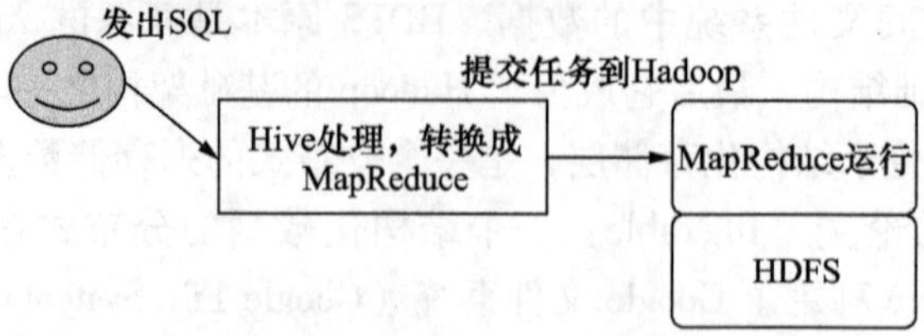

图 6.2　Hive 的工作原理

6.2　Hadoop 的数据管理

6.2.1　HDFS

HDFS 是分布式计算的存储基石，Hadoop 分布式文件系统和其他分布式文件系统有很多类似的特性：①对于整个集群有单一的命名空间；②具有数据一致性，都适合一次写入多次读取的模型，客户端在文件没有被成功创建之前是无法看到文件存在的；③文件会被分割成多个文件块，每个文件块被分配存储到数据节点上，而且会根据配置由复制文件块来保证数据的安全性。

如图 6.3 所示，HDFS 通过三个重要的角色来进行文件系统的管理：NameNode、DataNode 和 Client。NameNode 可以看作分布式文件系统中的管理者，主要负责管理文件系统的命名空间、集群配置信息和存储块的复制等。NameNode 会将文件系统的 Metadata 存储在内存中，这些信息主要包括文件信息、每一个文件对应的文件块信息和每一个文件块在 DataNode 中的信息等。DataNode 是文件存储的基本单元，它将文件块（Block）存储在本地文件系统中，保存了所有 Block 的 Metadata，同时周期性地将所有存在的 Block 信息发送给 NameNode。Client 就是需要获取分布式文件系统文件的应用程序。

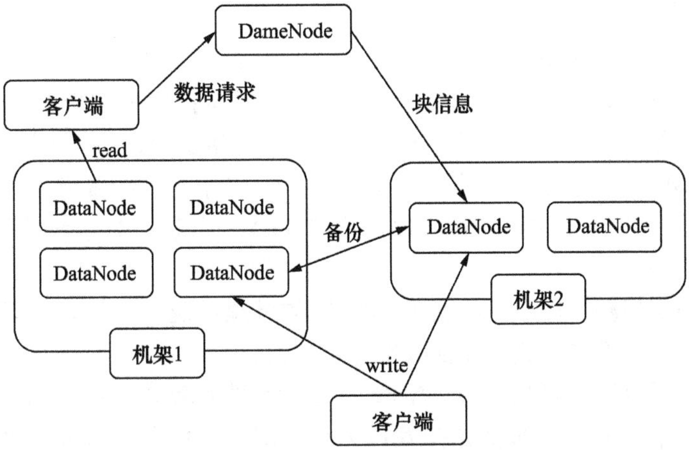

图 6.3 HDFS 的工作原理

接下来通过三个具体的操作来说明 HDFS 对数据的管理。

6.2.1.1 文件写入

（1）Client 向 NameNode 发起文件写入的请求。

（2）NameNode 根据文件大小和文件块配置情况，返回给 Client 所管理的 DataNode 的信息。

（3）Client 将文件划分为多个 Block，根据 DataNode 的地址信息，按顺序将其写入每一个 DataNode 块中。

6.2.1.2 文件读取

（1）Client 向 NameNode 发起文件读取的请求。

（2）NameNode 返回文件存储的 DataNode 信息。

（3）Client 读取文件信息。

6.2.1.3 文件块（Block）复制

（1）NameNode 发现部分文件的 Block 不符合最小复制数这一要求或部分 DataNode 失效。

（2）通知 DataNode 相互复制 Block。

（3）DataNode 开始直接相互复制。

作为分布式文件系统，HDFS 在数据管理方面还有值得借鉴的几个功能：

文件块（Block）的放置：一个 Block 会有三份备份，一份放在 NameNode 指定的 DataNode 上，另一份放在与指定 DataNode 不在同一台机器上的 DataNode 上，最后一份放在与指定 DataNode 同一 Rack 的 DataNode 上。备份的目的是数据安全，采用这种配置方式主要是考虑同一 Rack 失败的情况，以及不同 Rack 之间进行数据复制带来的性能问题。

心跳检测：用心跳检测 DataNode 的健康状况，如果发现问题就采取数据备份的方式来保证数据的安全性。

数据复制（场景为 DataNode 失败、需要平衡 DataNode 的存储利用率和平衡 DataNode 数据交互压力等情况）：使用 Hadoop 时可以用 HDFS 的 balancer 命令配置 Threshold 来平衡每一个 DataNode 的磁盘利用率。假设设置了 Threshold 为 10%，那么执行 balancer 命令时，首先会统计所有 DataNode 的磁盘利用率的平均值，然后判断如果某一个 DataNode 的磁盘利用率超过这个平均值，那么将会把这个 DataNode 的 Block 转移到磁盘利用率低的 DataNode 上，这对于新节点的加入十分有用。

数据校验：采用 CRC32 做数据校验。在写入文件块的时候，除了会写入数据外还会写入校验信息，在读取的时候则需要先校验后读入。

单个 NameNode：如果单个 NameNode 失败，任务处理信息将会记录在本地文件系统和远端的文件系统中。

数据管道性的写入：当客户端要写入文件到 DataNode 上时，首先会读取一个 Block，然后将其写到第一个 DataNode 上，接着由第一个 DataNode 将其传递到备份的 DataNode 上，直到所有需要写入这个 Block 的 DataNode 都成功写入后，客户端才会开始写下一个 Block。

安全模式：分布式文件系统启动时会进入安全模式（系统运行期间也可以通过命令进入安全模式），当分布式文件系统处于安全模式时，文件系统中的内容不允许修改也不允许删除，直到安全模式结束。安全模式主要是为了在系统启动的时候检查各个 DataNode 上数据块的有效性，同时根据策略进行必要的复制或删除部分数据块。在实际操作过程中，如果在系统启动时修改和删除文件会出现安全模式不允许修改的错误提示，等待一会儿即可消失该提示。

6.2.2 HBase

HBase 是一个类似 BigTable 的分布式数据库，它的大部分特性与 BigTable 一样，是一个稀疏的、长期存储的（存在硬盘上）、多维度的排序映射表。这张表的索引是行关键字、列关键字和时间戳。每个值是一个不解释的字符数组，数据都是字符串，没有类型。用户在表格中存储数据，每一行都有一个可排序的主键和任意多的列。由于是稀疏存储的，所以同一张表里面的每一行数据都可以有截然不同的列。列名字的格式是“<family>：<label>”，它是由字符串组成的，每一张表有一个 family 集合，这个集合是固定不变的，相当于表的结构，只能通过改变表结构来改变表的 family 集合，但是 label 值相对于每一行来说都是可以改变的。

HBase 把同一个 family 中的数据存储在同一个目录下，而 HBase 的写操作是锁行的，每一行都是一个原子元素，都可以加锁。所有数据库的更新都有一个时间戳标记，每次更新都会生成一个新的版本，而 HBase 会保留一定数量的版本，这个值是可以设定的。客户端可以选择获取距离某个时间点最近的版本，或者一次获取所有版本。

以上从微观上介绍了 HBase 的一些数据管理措施。那么作为分布式数据库，HBase 在整体上从集群出发又是如何管理数据的呢？

HBase 在分布式集群上主要依靠由 HRegion Server、HBaseMaster、HBaseClient 组成的体系结构从整体上管理数据。

HBase 体系结构的三大重要组成部分是：

HBaseMaster：HBase 主服务器，与 BigTable 的主服务器类似。

HRegionServer：HBase 域服务器，与 BigTable 的 Tablet 服务器类似。

HBaseClient：HBase 客户端是由 org. apache. hadoop. HBase. client. HTable 定义的。

下面将对这三个组件进行详细的介绍。

（1）HBaseMaster。一个 HBase 只部署一台主服务器，它通过领导选举算法（Leader Election Algorithm）确保只有唯一的主服务器是活跃的，ZooKeeper 保存主服务器的服务器地址信息。如果主服务器瘫痪，可以通过领导选举算法从备用服务器中选择新的主服务器。

主服务器初始化集群。当主服务器第一次启动时，会试图从 HDFS 获取根或根域目录，若获取失败则创建根或根域目录，以及第一个元域目录。下次启动时，主服务器就可以获取集群和集群中所有域的信息了。

主服务器负责域的分配工作。首先，主服务器分配根域，并存储指向根域所在域服务器地址的指针。其次，主服务器遍历根域查询元域，并分配元域到域服务器中。每个元域中包含了所有的用户域，用户域中存储了多个用户表。如果所有的元域分配完毕，主服务器将会分配用户域到相应的域服务器，以保持域服务器间的负载平衡。

主服务器时刻监视着域服务器的运行状态。一旦主服务器检测到某一域服务器不可达时，它将分离出域服务器上的每个域的预写日志（Write - ahead Log）文件。之后，主服务器会将域重新分配到其他域服务器上，并运行。如果主服务器发现一个域服务器超负荷运行，则会取消或关闭该域服务器的一些域，并将这些域分配到其他低负载的域服务器上。

主服务器还负责表格的管理。例如，调整表格的在线/离线状态和改变表格的模式（增加或删除列簇）等。此外，客户端还可以请求本地域直接从域服务器上读取数据。

在 BigTable 中，当主服务器和域服务器的连接断开时，域服务器仍然可以继续服务，因为 BigTable 提供了一种额外的锁管理机制，这种机制中的锁管理器（Chubby）保证了域服务器服务的可用性。而在 HBase 中，由于没有提供锁管理机制，当主服务器崩溃时，整个集群系统都要重新启动，因为主服务器是所有域服务器的管理中心。

下面介绍元表和根表的概念：

元表（Meta Table）包含了所有用户域的基本信息，域信息包括起始关键字、结束关键字、域是否在线、域所在的域服务器地址等。元表会随着用户域的增长而增长。

根表（Root Table）被定义为存储单一域的信息，并指向元表中的所有域。与元表一样，根表也包含每个元域的信息和元域所在的域服务器地址。

根表和元表中的每行大约为 1KB。域默认大小为 256MB，根域可以映射 2.6×10^5 个元域。同样，元域可以映射相应数量的用户域。因此，根域可以映射 6.9×10^{10} 个用户域，大约可以存储 1.9×10^{19} 字节的数据。

（2）HRegionServer。HBase 域服务器主要有服务于主服务器分配的域、处理客户端的读写请求、缓冲区回写、压缩和分割域等功能。

每个域只能由一台域服务器来服务。当开始服务于某域时，它会从 HDFS 文件系统中读取该域的日志和所有存储文件，同时还会管理操作 HDFS 文件的持久性存储工作。

客户端通过与主服务器通信获取域和域所在域服务器的列表信息后，就可以直接向域服务器发送域读写请求了。域服务器收到写请求时，首先将写请求信息写入一个预写日志文件中，该文件取名为 HLog。同一个域的所有写请求都被记录在同一个 HLog 文件中。一旦写请求被记录在 HLog 中之后，它将被缓存在存储缓存区（MemCache）中。每个 HStore 对应一个存储缓存区。对于读请求，域服务器先要检测请求数据在存储缓存区中是否被命中，如果没有命中，域服务器再去查找相关的映射文件。

当存储缓存区的大小达到一定阈值后，需要将存储缓存区中的数据回写到磁盘上，形成映射文件，并在 HLog 日志文件中标记。因此当再次执行时，可以跳跃到最后一次回写之前的操作上。回写也可能因域服务器存储器压力而被触发。

当映射文件的数量达到一定阈值时，域服务器会将最近常写入的映射文件进行轻度的合并压缩。此外，域服务器还会周期性地对所有的映射文件进行压缩，使其成为单一的映射文件。之所以周期性地压缩所有的映射文件，是因为最早的映射文件通常都比较大，而最近的映射文件则要小很多。压缩要消耗很多的时间，具体消耗的时间主要取决于读取、合并和写出最大映射文件所需要的 I/O 操作次数。压缩和处理读写请求是同时进行的。在一个新的映射文件移入之前，读写操作将被挂起，直到映射文件被加入 HStore 的活跃映射文件列表中，且已合并的旧映射文件被删除后，才会释放读写操作。

当 HStore 中映射文件的大小达到一定的阈值时（目前默认的阈值为 256MB），域服务器就要对域进行分割了。域被均分为两个子域，分割操作执行速度很快，因为子域是直接从父域中读取数据的。之后，父域处于离线状态。域服务器在元域中记录新的子域，并通知主服务器可以将子域分配给其他域服务器。如果域分割消息在网络传输中丢失，主服务器可以在周期性扫描元域中未被分配的域信息时发现分割操作。一旦父域被关闭，所有对父域的读写操作将被挂起。客户端则会探测域的分割信息，当新的子域在线时，客户端再发出读写请求。当子域触发压缩操作时，父域的数据将复制到子域中。父域将会在两个子域都完成压缩操作时被回收。

（3）HBaseClient。HBase 客户端负责查找用户域所在的域服务器地址。HBase 客户端会与 HBase 主机交换消息以查找根域的位置，这是两者之间唯一的交流。

定位根域后，客户端连接根域所在的域服务器，并扫描根域获取元域信息，元域包含所需用户域的域服务器地址。客户端再连接元域所在的域服务器，扫描元域来获取所需用户域所在的域服务器地址。定位用户域后，客户端连接用户域所在的域服务器并发出读写请求。用户域的地址将在客户端中被缓存，后续的请求无须重复上述过程。

不管是由于主服务器为了负载均衡而重新分配域还是域服务器崩溃，客户端都会重新扫描元域来定位新的用户域地址。如果元域被重新分配，客户端将扫描根域来定位新的元域地址。如果根域也被重新分配，客户端将会连接主机定位新的根域地址，并通过重复上述过程来定位用户域地址。

综上所述，在 HBase 的体系结构中，HBase 主要由主服务器、域服务器和客户端三部分组成。主服务器作为 HBase 的中心，管理着整个集群中的所有域，监控每个域服务器的运行情况等；域服务器接收来自服务器的分配域，处理客户端的域读写请求并回写映射文件等；客户端主要用来查找用户域所在的域服务器地址信息。

6.2.3 Hive

Hive 是建立在 Hadoop 上的数据仓库基础架构。作为一个数据仓库，Hive 的数据管理按照使用层次分为元数据存储、数据存储和数据交换三个方面。

6.2.3.1 *元数据存储*

Hive 将元数据存储在 RDBMS 中，有三种模式可以连接到数据库，分别为 Single User Mode、Multi User Mode 和 Remote Server Mode。Single User Mode 连接到一个 In - memory 的数据库 Derby，一般用于 UnitTest；Multi User Mode 是最常用的模式，通过网络连接到一个数据库中；Remote Server Mode 用于非 Java 客户端访问元数据库，在服务其启动一个 MetaStore Server，客户端则利用 Thrift 协议通过 Meta Store Server 访问元数据库。

6.2.3.2 *数据存储*

Hive 没有专门的数据存储格式，也没有为数据建立索引，用户可以自由组织 Hive 中的表。创建表时，指定 Hive 数据的列分隔符与行分隔符，Hive 即可解析数据。Hive 的数据都存储在 HDFS 中，Hive 中包含四种数据模型：内部表（Table）、外部表（External Table）、分区表（Partition Table）、桶表（Bucket Table）。

（1）Table：与数据库中的 Table 在概念上是类似的，每一个 Table 在 Hive 中都有一个相应的目录存储数据，删除表时，元数据与数据都会被删除。

（2）External Table：指向已经在 HDFS 中存在的数据，可以创建 Partition，它和内部表在元数据的组织上是相同的，而实际数据的存储则有较大的差异，内部表的创建过程和数据加载过程可以在同一个语句中完成，在加载数据的过程中，实际数据会被移动到数据仓库目录中。删除表时，表中的数据和元数据将会被同时删除。

（3）Partition Table：对应于数据库的 Partition 列的密集索引在 Hive 中，表中的一个 Partition 对应于表下的一个目录，所有的 Partition 的数据都存储在对应的目录中。

（4）Bucket Table：是对数据进行哈希取值，然后放到不同文件中存储。数据加载到桶表时，会对字段取哈希值，然后与桶的数量取模。把数据放到对应的文件中。

6.2.3.3 数据交换

Hive 的数据交换如图 6.4 所示：

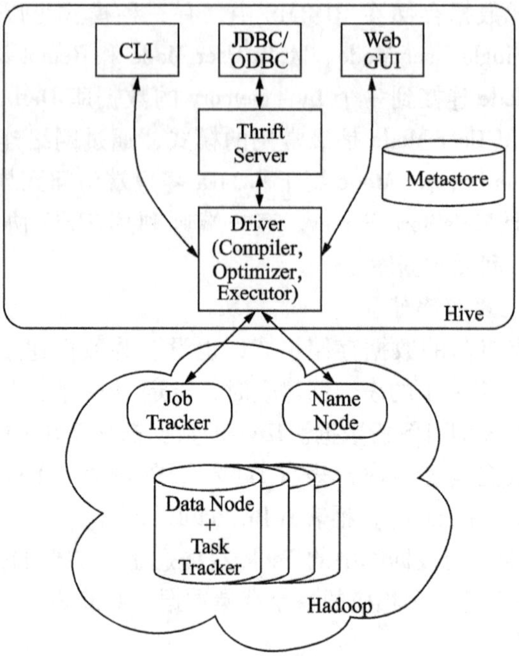

图 6.4 Hive 的数据交换

（1）用户接口：包括客户端（CLI）、数据库接口（JDBC/ODBC）和 Web 界面（WebGUI）。

当启动客户端模式时，用户要连接 Hive Server，需要指出 Hive Server 所在的节点，并在该节点启动 Hive Server。Web 界面是通过浏览器访问 Hive 的。

（2）元数据存储（Metastore）：通常是存储在关系数据库中，如 MySQL、Derby。Metastore 是 Hive 元数据的集中存放地。默认使用内嵌的 Derby 数据库作为存储引擎。Derby 引擎的缺点在于一次只能打开一个会话，我们使用 MySQL 作为外置存储引擎，以便多用户同时访问。

（3）解释器、编译器、优化器、执行器。

（4）Hadoop：用 HDFS 进行存储，利用 MapReduce 进行计算。

6.3 ZooKeeper原理

6.3.1 ZooKeeper的基本概念

ZooKeeper 顾名思义就是动物园管理员，他是用来管理大象（Hadoop）、蜜蜂（Hive）、小猪（Pig）的管理员，Apache HBase 和 Apache Solr 以及 LinkedIn Sensei 等项目中都采用了 ZooKeeper。ZooKeeper 是一个开放源码的分布式应用程序协调服务，ZooKeeper 以 Fast Paxos 算法为基础，实现同步服务，配置维护和命名服务等分布式应用。ZooKeeper 从程序员的角度来讲可以理解为 Hadoop 的整体监控系统。如果 NameNode，HMaster 宕机后，ZooKeeper 将重新选出 Leader。

ZooKeeper 中的角色主要有以下三类，如表 6.1 所示：

表 6.1 ZooKeeper 中的角色

<table>
<tr><th colspan="2">角色</th><th>描述</th></tr>
<tr><td colspan="2">领导者（Leader）</td><td>领导者负责进行投票的发起和决议，更新系统状态</td></tr>
<tr><td rowspan="2">学习者
（Learner）</td><td>跟随者
（Follower）</td><td>Follower 用于接收客户请求并向客户端返回结果，在选择过程中参与投票</td></tr>
<tr><td>观察者
（Observer）</td><td>Observer 可以接收客户端连接，将写请求转发给 Leader 节点。但 Observer 不参加投票过程，只同步 Leader 的状态。Observer 的目的是为了扩展系统，提高读写速度</td></tr>
<tr><td colspan="2">客户端（Client）</td><td>请求发起方</td></tr>
</table>

6.3.2 ZooKeeper 在 Hadoop 及 HBase 中的具体作用

假如一个 ZooKeeper 的集群中有三个 ZooKeeper 节点，一个 Leader，两个 Follower 的情况下，停掉 Leader，然后两个 Follower 选举出一个 Leader，获取的数据不变。则 ZooKeeper 能够确保整个 Hadoop 集群只有一个 NameNode，存储配置信息等。对于 HBase，使用 Zookeeper 的事件处理确保整个集群只有一个 HMaster，察觉 HRegionServer 联机和宕机，存储访问控制列表等。

6.4 Hadoop 大数据处理的意义

Hadoop 在大数据处理中得以广泛应用得益于其自身在数据提取、变形和加载（ETL）方面的天然优势。Hadoop 的分布式架构，将大数据处理引擎尽可能地靠近存储，对如 ETL 这样的批处理操作相对合适，因为类似这样操作的批处理结果可以直接走向存储。Hadoop 的 MapReduce 功能实现了将单个任务打碎，并将碎片任务（Map）发送到多个节点上，之后再以单个数据集的形式加载（Reduce）到数据仓库里。

阅读材料　深度思考

从英国《金融时报》中文网的 2016 年 5 月 25 日 6:13 AM，上海的报道说起。

何种因素影响 A 股上市公司盈利质量

欧阳辉　常杰为英国《金融时报》中文网撰稿

（作者介绍：欧阳辉系长江商学院金融学杰出院长讲席教授，长江商学院互联网金融研究中心主任与金融创新和财富管理研究中心联席主任；常杰系长江商学院金融创新和财富管理研究中心高级研究

员。本文仅代表作者观点。责任编辑邮箱：tao. feng@ ftchinese. com)

在过去的一年时间里，中国股市出现较大波动。随着上市公司年度报告公布完毕，我们就财务数据从盈利变动和市盈率的角度观察A股市场，评估当前股票市场价格与公司盈利的关系，以及考察上市公司盈利质量。在盈利增速下降的情况下，A股的市盈率按公司市值大小呈现结构分化；金融类和石油类公司的盈利变动对整体市场影响较大；非经常性损益在净利润中的占比不断上升，影响了上市公司的盈利质量。

1. 盈利能力与市场表现

截至2016年4月30日，中国上市公司的2015年年度报告公布完毕。根据年报财务数据统计，2847家A股上市公司共计赚得归属母公司股东的净利润24768亿元，比2014年增加0. 64%，净资产收益率（ROE）10. 17%，总资产收益率（ROA）1. 64%，近五年的增速呈下降趋势。

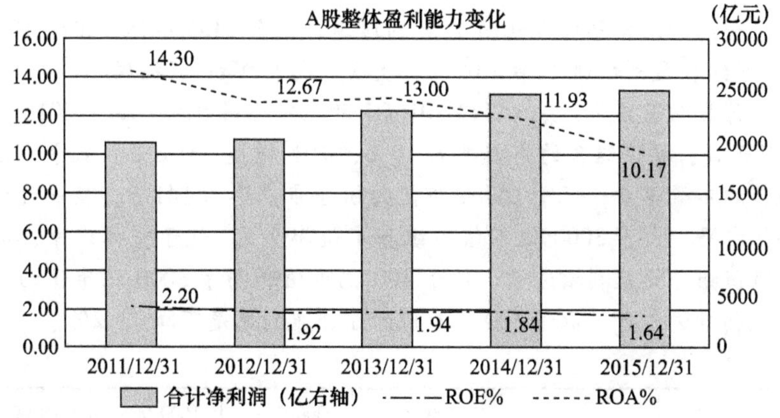

资料来源：Wind。

在经济增长趋缓、上市公司盈利能力下降的背景下，股票市场的价格波动剧烈。在过去的12个月里，2015年6月中国股市上涨至年度高点后，第三季度出现了快速下跌，上证指数收盘数据从6月12日的5166点下行至8月26日的2927点，跌幅达43%。随着一系列稳定市场的措施实施，市场稳定性增强并逐渐回升，上证指数自 8 月的低点上升至年末的 3539 点，升幅达 21%，创业板指数的升幅更是高达 51%。2016 年 1 月 4 日指数熔断机制正式实施，沪深 300 指数触发 5% 和 7% 两档熔断阈值，市场停止交易至收市，2016 年 1 月上证指数下跌幅度超过 22%，此后逐渐回升。

2. 市盈率与盈利增速

基于上市公司 2015 年年度报告和 2016 年第一季度报告中的财务数据，对 A 股采用按市值大小建立组合的方法，对比市盈率和盈利增速。

本文选取全部 2847 个 A 股作为样本，因为计算盈利增速 TTM 的需要，剔除 111 个未公布的 2014 年第一季度报告的股票（多为新上市公司），剔除 3 个退市股票，剩余分析样本 2733 个。选取截至 2016 年 5 月 6 日的 A 股收盘价格数据，股票市值为该日收盘时的总市值；组合市盈率 TTM：组合合计总市值/组合合计归属母公司股东的净利润 TTM；组合盈利增速 TTM（%）：组合总计净利润 TTM 相比上个同期组合总计净利润 TTM 的增速；组合 PEG 指标：组合市盈率/（组合盈利增速 TTM × 100）。数据下载于 Wind 数据库。

计算结果显示，基于 TTM2016Q1 的上市公司盈利，截至 2016 年 5 月 6 日，整体组合的市盈率为 19.6，盈利增速 -0.8%。从分市值组合的市盈率看，低于 100 亿市值的组合市盈率为 141.3，显著大于整体水平，大于 3000 亿市值的组合市盈率 7.7，低于整体水平；从分市值组合的盈利增速看，低于 300 亿市值和高于 3000 亿市值的组合盈利增速为负，低于 100 亿市值的组合盈利更是下降 33.2%。

	整体	<100 亿元	100 亿～300 亿元	300 亿～1000 亿元	1000 亿～3000 亿元	>3000 亿元
股票数据	2733	1695	807	177	40	14
市盈率 TTM	19.6	141.3	55.5	24.2	12.5	7.7
盈利增速 TTM	-0.8%	-33.2%	-7.3%	6.4%	14.9%	-3.8%
PEG 指标	负值	负值	负值	3.8	0.8	负值

资料来源：Wind。

根据2015年年度报告统计，16家银行类上市公司实现归属母公司股东的净利润1.26万亿元，占所有上市公司总净利润的51.26%，中国石油和中国石化两家上市公司实现归属母公司股东的净利润0.067万亿元，占所有上市公司总净利润的2.73%。银行及其他金融类上市公司加上中国石油、中国石化共计56家，占所有上市公司数量的1.9%，而它们的市值变动和净利润变动对整体结果的影响太大，剔除后分析可以更细致地观察其他上市公司的业绩情况。

剔除金融类上市公司和中国石油、中国石化后的计算结果显示，基于TTM2016Q1的上市公司盈利，截至2016年5月6日，整体组合的市盈率为40.6，较未剔除前明显上升，盈利增速-3.7%，较未剔除前明显下降。数据表明，金融类上市公司和中国石油、中国石化的市值较大，盈利对上市公司总体盈利的影响比较显著，这两类公司的较低市盈率拉低了市场整体市盈率，影响了对其他公司市盈率大小的判断。

	整体	<100亿元	100亿~300亿元	300亿~1000亿元	1000亿~3000亿元	>3000亿元
股票数据	2675	1691	799	158	26	1
市盈率TTM	40.6	141.3	56.6	26.6	15.8	19.8
盈利增速TTM	-3.7%	-33.3%	-8.7%	-0.9%	11.4%	0.1%
PEG指标	负值	负值	负值	负值	1.4	260.8

资料来源：Wind。

3. 非经常性损益

为了更细致地观察上市公司盈利能力，我们对非经常性损益进行分析。非经常性损益是指与公司正常经营业务无直接关系，以及虽与正常经营业务相关，但由于其性质特殊和偶发性，影响报表使用人对公司经营业绩和盈利能力做出正常判断的各项交易和事项产生的损益。中国证监会要求上市公司在编制年度财务报告时应披露非经常性损益，因此我们对年度报告中披露的数据进行分析。

统计结果显示，A股上市公司合计非经常性损益从2011年的

1158 亿元逐年增长到 2015 年的 2498 亿元，其占归属母公司股东的净利润的比例也从 2011 年的 5.8% 逐年增长到 2015 年的 10.1%。非经常性损益对上市公司净利润的影响逐年变大，剔除金融类公司和石油石化后，占比达到 25.9%。

资料来源：Wind。

进一步分析非经常性损益的构成发现，政府补助项目、非流动资产处置损益和中国证监会认定的其他项目是主要组成部分。上市公司为当地提供税收和人员就业，当经营业绩有压力时，政府部门有动力出手相助。非流动资产处置损益和证监会认定的其他项目则表明在主营业务承压时，上市公司可能通过资产负债表的调整用来改善业绩表现。报表使用人在评估上市公司业绩时，应当对非经常性损益项目予以关注。

基于 2015 年年度报告披露的财务数据，对剔除金融类公司和石油石化后的样本组合进行计算发现，整体组合的非经常性损益项目比 2014 年增加 29.4%，扣除非经常性损益项目的净利润下降 14.1%。扣除非经常性损益项目后各市值组合的盈利增速也出现了显明的下降，低于 100 亿市值的小公司组合更是下降 83.6%。

	整体	<100 亿元	100 亿～300 亿元	300 亿～1000 亿元	1000 亿～3000 亿元	>3000 亿元
股票数据	2675	1691	799	158	26	1
市盈率 TTM	40.6	141.3	56.6	26.6	15.8	19.8

续表

	整体	<100亿元	100亿~300亿元	300亿~1000亿元	1000亿~3000亿元	>3000亿元
盈利增速TTM	-3.7%	-33.3%	-8.7%	-0.9%	11.4%	0.1%
非经常性损益项目增速（年度对比）	29.4%	19.7%	29.4%	26.9%	74.8%	-33.5%
扣除非经常性损益项目的净利润增速（年度对比）	-14.1%	-83.6%	-24.9%	-3.8%	4.4%	0.6%

资料来源：Wind。

随着宏观经济发展速度放缓，中国继续调整经济结构，从制造业与投资拉动向服务业和消费驱动转型。在此背景下，上市公司承受着放缓和转型带来的双重压力，实体经济不振难以提高主营业务业绩，而迫于公开上市公司对经营业绩的要求，上市公司有动力采用脱实向虚的金融手段来改善报表表现。由于非经常性损益的性质特殊，持续性存在不确定，未来上市公司顺应改革打造核心竞争力，提高主营业务收入，提高盈利质量显得尤其必要。

4. 银行类上市公司

选取16家银行上市公司进行分析，截至2016年5月6日，市盈率为5.9，显著低于全体水平19.6；其盈利增速TTM为1.79%，扣除非经常性损益的盈利增速为1.82%，高于全体样本的-0.8%。对2014年以来的银行类上市公司季度报告披露的盈利数据进行同比显示，近两年银行季度盈利水平同比从两位数快速下跌至个位数。

与“低市盈率、盈利增速下降”现象相对应的是银行业的不良贷款比率和不良贷款余额均创出新高。根据上市公司2015年度报告所发布的数据统计，16家上市银行的平均不良率已达1.47%；不良贷款余额达9942余亿元。

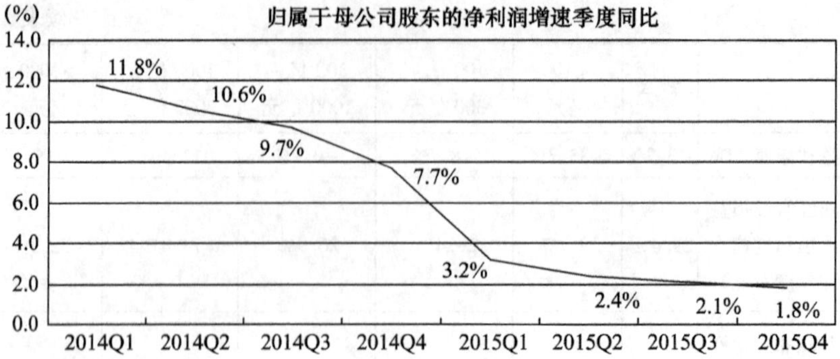

资料来源：Wind。

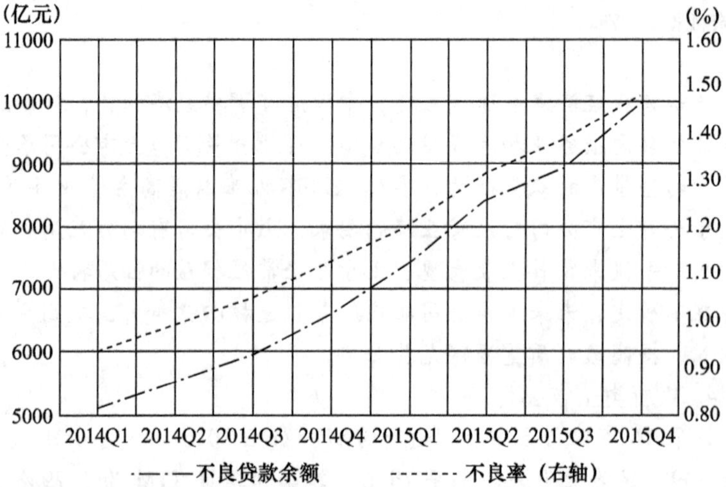

资料来源：Wind。

在经济增长放缓的背景下，银行资产质量问题日渐显露。在经济转型和产业结构调整的过程中，高耗能、高污染及产能过剩、技术落后的企业被调整淘汰，这些行业资金占用量大且周期长，贷款回收慢导致不良贷款增加。加上以互联网金融为代表的各类理财业务的竞争，对银行业原有的盈利模式形成挑战，银行业盈利增速下降和不良率上升的风险值得关注。

截至2016年5月6日，以2733家A股上市公司为样本的整体市盈率TTM为19.6。不同市值大小的上市公司市盈率分化严重，金融类公司和石油石化的盈利对上市公司总体盈利有较大影响，这两类公司的低市盈率拉低了市场整体市盈率。

近五年，非经常性损益项目总金额和对净利润的占比逐年变大，由于非经常性损益的性质特殊，持续性存在不确定，上市公司提高主营业务收入尤其必要。

特别值得担忧的是，100亿元市值以下的上市公司数量占62%，它们的市盈率明显较高，扣除非经常性损益的盈利增速更是-83.6%。投资者应该密切关注企业盈利能力的变化。

思考：如何对公司的财务报告进行深入分析？

第三部分

财务分析实训

随着大数据技术的发展，不仅需要工具，更需要相应的大数据算法支持财务分析。总的来说，大数据量化技术可分为两大类：一类是 P Quant，另一类是 Q Quant。它们虽同为资产定价机制，但其原理和受众却大相径庭，是金融量化领域的“少林”和“武当”。

Q Quant 是指风险中性测度。在“风险中性”的理论假设下，历史数据只是记录过去的数字，它们与未来无关，因而并不能直接帮助预测金融产品的未来走势，定价机制还是应主要依据数学模型，如随机过程、偏微方程。P Quant 则指真实概率测度，与“风险中性”不同，在“真实概率”的理论假设下，搭建定价模型所需的概率分布应根据历史数据而估算出来，而非仅凭数学模型而演算出来，主要是以数据统计为基础的，因而是“真实”的。

无论哪种方法，都需要运用到历史数据，先搭建一个模型，然后再通过历史数据来不断精化该模型的参数性能，本部分内容则通过常用财务分析、时间序列分析、数据挖掘和机器学习介绍大数据的主要算法。

从本质上说，金融衍生品就是一份合同，而且是一份可帮助买方实现风险控制和套利交易的合同。比如个股期权就是典型的金融衍生品，它赋予了买方在约定时间内可按照约定价格买入或者卖出特定股票的权利。考虑到这类金融衍生品本身只是一纸合同，不像股票一样有历史数据可循，这时卖方往往就会借助 Q Quant 理论，利用数学模型来设定既定股票的未来走势及波动率，进而推算出该个股期权的合理现值。由于以对冲基金为主的买方主要从事大批量的产品筛选和投资决策，故而其核心业务本身就对数据处理技术有着极高的依赖度。此外，作为中间商，买方其实并不参与任何产品开发，而是仅仅专注于对现有产品的精细化加工，所以 P Quant 所具备的“百里挑一”的优化特性无疑正中其怀。

实际上，当对冲基金在设计套利策略时，它们往往会尽可能地去搜集与其产品相关的所有历史数据，并对这些数据进行多角度、全方面、深层次的比较分析，从而寻找出众多历史数据之间的内在联系和统计规律。以股票策略为例，通过对现有数据的剖析归纳，对冲基金往往希望准确预测出诸如“上市公司的财务状况会对公司股价产生何种影响”、“特定行业的整体环境以及宏观经济的政策调控又会对该行业上市公司的股价产生何种影响”，并由此制定出极具产品针对性的套利策略。

第 7 章　财经大数据探索性分析

从数据的存储类型来讲，既可分为数值型数据，如学生的成绩、上市公司的股票价格和财务业绩等；也可分为字符型数据，如男、女，好、坏等；还可分为逻辑型数据，如对、错等。

从数据的可计量尺度来讲，可分为分类数据、有序数据、区间数据、比例数据。如表 7.1 所示。

表 7.1　数据按可计量程度进行划分

数据类型	数据表征	数据特征	运算功能	应用举例
分类数据 (Categorical data)	状态，如“男”“女”、“对”“错”	没有数量关系，没有顺序关系	计数	产品分类
有序数据 (Ordinal data)	特征量，如“A”“B”“C”“D”，A > B > C > D	有顺序关系	计数、排序	企业等级、分位数、众数
区间数据 (Interval data)	实数，如长度、重量、压力	有数量关系，可比较大小，可排序，可计算差异	计数、排序、加减	产品质量差异、总量指标
比例数据 (Ratio data)	实数，事物之间的比值	有数量关系，可比较大小，可排序，可计算差异	计数、排序、加减、乘除	商品销售额、相对指标

7.1 探索性分析常用函数

数据探索性分析又称描述性分析，通过分析数据集，从而找出数据符合哪些基本的统计特征，如数据是否正态、是否左偏或右偏，同时求均值、中位数或分位数等。从而找出事物的基本性规律，进而用作后期的预测和管理控制决策。

7.1.1 数学函数

在一些函数或模型中，常常遇到一些数学类的计算。对此，R 也给出了相应的计算函数，如表 7.2 所示。

表 7.2 数学函数

函数	描述
abs（x）	绝对值，如 abs（-4）的返回值为 4
sqrt（x）	平方根，如 sqrt（25）返回值为 5
ceiling（x）	求出大于 x 的最小整数，如 ceiling（3.475）返回值为 4
floor（x）	向 0 的方向截取数值的整数部分，如 floor（3.475）返回值为 3
trunc（x）	截取整数部分，如 trunc（5.99）返回值为 5
round（x，digits = n）	四舍五入，指定小数的位数，如 round（3.475，digits = 2）返回值为 3.48
log（x，base = n）	对 x 取以 n 为底的对数
log（x）	自然对数，以 e 为底，如 log（10）返回值为 2.3026
log10（x）	常用对数，以 10 为底，如 log10（10）返回值为 1
exp（x）	指数函数，如 exp（2.3026）返回值为 10

```
>abs (-4)
[1] 4
>sqrt (25)
[1] 5
>ceiling (3.475)
[1] 4
>floor (3.475)
[1] 3
>trunc (5.99)
[1] 5
>round (3.475, digits=2)
[1] 3.48
>log (10)
[1] 2.302585
>log10 (10)
[1] 1
>exp (2.3026)
[1] 10.00015
#这些函数都可以用于向量，举例来说
>sqrt (c (4, 16, 25))
[1] 2  4  5
```

7.1.2　统计函数

R 的统计计算功能强大，在数据分析、建模时，往往需要借助一些基础的统计函数对数据进行简单的统计分析，对于数值型数据，经常要分析一个分布的集中趋势和离散程度，用来描述集中趋势的主要有均值，中位数；描述离散程度的主要有方差、标准差。R 可以很简单地得到这些结果，只要一个命令就可以了。求均值、中位数、方差、标准差的命令分别是 mean ()、median ()、var ()、sd ()。利用均值和方差描述集中趋势和离散程度往往基于正态分布，而如果数据是长尾或是有异常值时，这时用均值和方差就不能正确地描述集中趋势和离散程度。常用的统计函数如表7.3所示。

表7.3 统计函数

函数	描述
mean（x）	平均数，如mean（c（1，2，3，4））返回值为2.5
median（x）	中位数，如median（c（1，2，3，4））返回值为2.5
sd（x）	标准差，如sd（c（1，2，3，4））返回值为1.29
var（x）	方差，如var（c（1，2，3，4））返回值为1.67
mad（x）	绝对中位差（median absolute deviation），如mad（c（1，2，3，4））返回值为1.48
quantile（x，probs）	求分位数，其中x为待求分位数的数值型向量，probs为一个由［0，1］之间的概率值组成的数值向量，如Eg：求x的30%和84%分位点 y < －quantile（x，c（.3，.84））
range（x）	求值域，如x < －c（1，2，3，4），range（x）返回值为c（1，4），diff（range（x））返回值为3
sum（x）	求和，如sum（c（1，2，3，4））返回值为10
diff（x，lag＝n）	滞后差分，lag用以指定滞后几项。默认的lag值为1，如x < －c（1，5，23，29） diff（x）返回值为c（4，18，6）
min（x）	求最小值，如min（c（1，2，3，4））返回值为1
max（x）	求最大值，如max（c（1，2，3，4））返回值为4
scale（x，center＝T，scale＝T）	为数据对象x按列进行中心化（center＝TRUE）或标准化（center＝TRUE，scale＝TRUE）（将进行单独举例）
Summary（）	描述性分析，列出数据对象的最小值、1/4、3/4、中位数、平均数、最大值

```
>mean (c (1, 2, 3, 4, 5))
[1] 3
>median (c (1, 2, 3, 4))
[1] 2.5
>sd (c (1, 2, 3, 4))
[1] 1.290994
>var (c (1, 2, 3, 4))
[1] 1.666667
>mad (c (1, 2, 3, 4))
[1] 1.4826
>x< -c (168, 170, 165, 170, 172, 152, 188, 163, 160, 164,
158, 176, 171)
>quantile (x, c (0.3, 0.84))
30%     84%
163.60  172.32
>y< -c (1, 2, 3, 4)
>range (y)
[1] 1  4
>diff (range (x))
[1] 36
>sum (c (1, 2, 3, 4))
```

```
[1] 10
>x< -c (1, 5, 23, 29)
>diff (x)
[1] 4  18  6
>min (c (1, 2, 3, 4))
[1] 1
>max (c (1, 2, 3, 4))
[1] 4
```

（1）截尾平均数。截尾平均数即去掉最大1%或5%和最小1%或5%的数据和所有缺失值后的算术平均数。

```
>x< -c（-10，1：100，1000）
>x
>mean（x）
[1] 59.21569
>mean（x，trim=0.01，na.rm=F）
[1] 50.5
```

（2）scale（）函数。scale（）函数用于对数据进行标准化处理，在默认情况下，函数scale（）对矩阵或数据框的指定列进行均值为0、标准差为1的标准化处理，如下：

```
newdata< -scale（mydata）
```

要对每一列进行任意均值和标准差的标准化处理，代码演示如下：

```
newdata< -scale（mydata）*SD+M
```

其中，M是想要的均值，SD为想要的标准差。在非数值型的列上使用scale（）函数将会报错。要对指定列而不是整个矩阵或数据框进行标准化，可以使用这样的代码：

```
newdata< -transform（mydata，myvar=scale（myvar）*SD+M）
```

此句将变量myvar标准化为均值M、标准差为SD的变量。我们将在下文中进行数据处理问题的综合解决方法中用到scale（）函数。

（3）apply（）函数。

```
apply（A，MARGIN，FUN，…）
```

其中，A为数据对象，MARGIN是维度的下标，FUN是指定的函数，“…”包括了任何想传递给FUN的参数。在矩阵或数据框中，MARGIN=1表示行，MARGIN=2表示列。

7.1.3 分类分组函数

（1）对字符型数据分类。统计分类可用table（）函数。

```
>x<-c("是","否","否","是","是","否","否","是","是")
>table(x)
x
否是
4 5
```

（2）对数值数据分组。统计分析中经常要碰到对数值数据进行分组，在R里可以用cut（）函数对数值数据进行分组，然后在使用table（）函数对分组进行分类统计。

例如，对我们班的学生成绩进行分组，首先需要读入表7.4中的学生成绩（studentstat）数据。

```
>ms<-read.table("H:\\广外教学课件准备\\R2015 li\\studentstat.txt",header=T)
>ms
>MS<-read.csv("H:\\广外教学课件准备\\R2015li\\studentstat.csv",header=T)
>MS
```

表7.4 学生成绩

序号	math	stat
1	81	72
2	90	90
3	91	96
4	74	68
5	70	82
6	73	78
7	88	89
8	78	82

续表

序号	math	stat
9	95	96
10	63	75
11	85	86
12	60	71
13	83	78
14	81	94
15	77	73
16	60	66
17	66	58
18	84	87
19	80	86
20	85	84
21	70	82
22	54	56
23	93	98
24	68	76

接下来，需要对学生成绩按不及格（60 分以下），普通（60 ~ 80 分），优秀（80 分以上）上进行分组，并用 table（）函数整理成频数表形式：

```
> msg < - cut (ms $ math, breaks = c (min (ms), 60, 80, max (ms)))
> table (msg)
msg
(1, 60] (60, 80] (80, 98]
    3       10       11
```

7.1.4 概率函数

在数据分析的时候，经常会遇到各种分布的假设和检验，那么，R提供了大量的概率函数可以直接调用，如表7.5所示。

表7.5 概率函数

分布名称	R函数	分布名称	R函数
Beta分布	beta	Logistic分布	logis
二项分布	binom	多项分布	multinom
柯西分布	cauchy	负二项分布	nbinom
卡方分布（非中心）	chisq	正态分布	norm
指数分布	exp	泊松分布	pois
F分布	f	Wilcoxon符号秩分布	signrank
Gamma分布	gamma	t分布	t
几何分布	geom	均匀分布	unif
超几何分布	hyper	Weibull分布	weibull
对数正态分布	lnorm	Wilcoxon秩和分布	wilcox

在R中，对于不同分布在求密度函数、分布函数、分位数函数和生成随机数时，依次使用d、p、q、r后面跟上相应的函数名称即可。例如，对于标准正态分布（均值为0，标准差为1）而言，其密度函数为dnorm、分布函数为pnorm、分位数函数为qnorm和随机数生成函数为rnorm。总之，只需在概率分布前加上d、p、q、r四项前缀，就可以实现该分布的相应效果，具体可以通过help（）函数进行了解。

以正态分布为例，我们来了解这些函数的大致使用方法，如果不指定一个均值和一个标准差，则有：

（1）d=密度函数（Density）。

dnorm（x，…）#其中x为数值向量。

（2）p=分布函数（Distribution Function）。

pnorm（q，…）#其中 q 为数值向量。

（3）q = 分位数函数（Quantile Function）。

qnorm（p，…）#其中 p 为概率构成的数值向量。

（4）r = 生成随机数（Random）。

rnorm（n，…）#其中 n 为生成数据的个数。

7.1.5 日期函数

因为考虑公司财务的两个基本理念：一是货币时间价值，二是现金为王理念。在进行数据分析时，时间变量是不可忽视的因素，但任何工具包括 R 语言在内，都要进行日期数据的处理。

（1）系统日期。

```
Sys. Date（）#返回日期函数
```

[1]" 2014 - 10 - 29"

```
date（）#注意：这种方法返回的是字符串类型
date（）#returns the current date and time.
```

[1]" Wed Oct 29 20：36：07 2014"

```
#print today's date 输出今天的时间
>today < - Sys. Date（）
>today
[1]" 2016 - 10 - 26"
>format（today，format = "%B%d%Y"）
[1]" 十月 262016"
>format（today，format = "%Y%m%d"）
[1]" 20161026"
>format（today，format = "%y%m%d"）
[1]" 161026"
```

（2）R 中日期类型。R 语言中日期类型实际是 double 类型，是从 1970 年 1 月 1 日以来的天数。可用 typeof（）来查找。

```
#print today's date 输出今天的时间类型
>typeof (Sys. Date ())
[1]" double"
```

将日期函数转成字符函数，使用 as. character ( )

#convert dates to character data

strDates < - as. character (dates)

```
>strDates < - as. character (today)
>strDates
[1]" 2016 -10 -26"
```

(3) 转换为日期。用 as. Date ( ) 可以将一个字符串转换为日期值，默认格式是 yyyy - mm - dd。

```
>as. Date (" 2016 -10 -26") #得到" 2016 -10 -26",
[1]" 2016 -10 -26"
```

显示为字符串，但实际存储的是 double 类型。

as. double (as. Date (" 1970 -01 -01"))　　#结果为 0，是从 1970 年 1 月 1 日以来的天数。

可以把定制的日期字符串转换为日期型：

```
>as. Date (" 2016 年 10 月 26 日","%Y 年%m 月%d 日")
[1]" 2016 -10 -26"
```

也可将日期转换成正常的日期表示：

#convert date info in format "mm/dd/yyyy"

```
>strDates < - c (" 01/05/1965"," 08/16/1975")
>dates < - as. Date (strDates,"%m/%d/%Y")
>dates
[1]" 1965 -01 -05"" 1975 -08 -16"
```

常用的日期表示如表 7.6 所示。

表 7.6 常用的日期格式

格式	含义
%Y	年份，以四位数字表示，2016
%y	年份，以两位数字表示，16
%m	月份，以数字形式表示，从 01 ~ 12
%d	月份中当的天数，从 01 ~ 31
%b	月份，缩写，Feb，May，June
%B	月份，完整的月份名，指英文，February
/	表示分隔符 “-”

（4）把日期值输出为字符串。把日期值转换成字符串，需要用 format（）函数。

```
>today <-Sys.Date()
>format(today,"%Y 年%m 月%d 日")
[1]" 2016 年 10 月 26 日"
```

（5）计算日期差。由于日期内部是用 double 类型存储的天数，所以是可以相减的。

```
>today <-Sys.Date()
>startd <-as.Date(" 2016-09-13")   #从 2016 年 9 月开学
>today - startd
>endd <-as.Date(" 2017-1-14")   #2017 年 1 月放学
>endd-today
Time difference of 74 days
```

用 difftime（）函数可以计算相关的秒数、分钟数、小时数、天数、周数，对时间变量进行一定程度的操作。

```
>difftime (endd, today, units =" weeks")   #还可以是" secs",
"mins"," hours", "days
Time difference of 11.42857 weeks
>difftime (endd, today, units =" secs")   #以" secs" 秒作为分
隔单位
Time difference of 6912000 secs
>y < - difftime (endd, today, units =" secs")
>y
Time difference of 6912000 secs
```

(6) 提取年份。使用 substr ( ) 函数提取年份。

```
>today < -Sys. Date ( )
>ftoday < -as. character (today)
>year < -substr (ftoday, 1, 4)
>year
[1]" 2016"
>startd < -as. Date (" 2016 -03 -01")   #从 2016 年 3 月开始
学习
>year < -as. numeric (substr (startd, 1, 4))
>year
[1] 2016
```

7.1.6 极端值处理

在探索性分析的时候，常常需要进行极端值处理。因为极端值常常会影响平均数，所以平均数要做如下处理：

截尾平均数，mean (Vector, trim =0.05, na. rm = T) 即去掉最大5%和最小5%的数据和所有缺失值后的算术平均数。

此外，在后续的相关回归分析中，极端值也可能影响模型的拟合优度，因此也需要进行去掉前后1%分位数，详细的代码如下：

```
attach (r)
r < -as. numeric (as. character (r))
r. center < - (r > quantile (r, 0.01)) & (r < quantile (r, 0.99))
detach ()
x < -x [r. center,]
rm (r)
attach (x)
```

7.2 盈利能力分析

盈利能力最重要的财务指标之一，常用指标通常有净资产收益率（Return On Equity，ROE）、资产回报率（Return On Asset，ROA）和息税前利润（Earnings Before Interest and Tax，EBIT）。下面以资产回报率（ROA）的计算为例：

7.2.1 查询盈利能力数据

首先，进入国泰安 CSMAR 数据库，选择公司研究系列。

其次，选择中国上市公司财务指标分析数据库。

最后，选择盈利能力，为了体现大数据的全面性，建议大家选择全部数据，点击下载。当然也可以先预览数据。

7.2.2 导入盈利能力数据

导入的时候要将电子表格的数据另存为 CSV 格式，以方便后续的计算和分析。若第 2 行、第 3 行有字符型数据，也需要删除。详细命令如下：

```
##财务报表分析
rm (list = ls ( )) ##清空系统内存
setwd (" H: \\ 广外教学课件准备 \\ R \\ 盈利能力 160503")
getwd ( )
########
####导入盈利能力第 1 张 Excel;
yingli1 < - read. csv ("FI_ T5. csv", header = TRUE)
yingli1 [1: 10, 1: 5]    #列出 1 ~10 行, 1 ~5 列的个数
number1 < - length (yingli1 $ Stkcd) #显示对象元素的个数
number1
dim (yingli1) #列出数据框的维度
####导入盈利能力第 2 张 Excel;
yingli2 < - read. csv ("FI_ T51. csv", header = TRUE)
yingli2 [1: 10, 1: 6]
number2 < - length (yingli2 $ Stkcd) #显示对象元素的个数
number2
dim (yingli2) #列出数据框的维度
####导入盈利能力第 3 张 Excel;
yingli3 < - read. csv ("FI_ T52. csv", header = TRUE)
yingli3 [1: 10, 1: 5]
dim (yingli3)
####导入盈利能力第 4 张 Excel;
yingli4 < - read. csv ("FI_ T53. csv", header = TRUE)
yingli4 [1: 10, 1: 5]
dim (yingli4)
```

7.2.3 合并盈利能力数据

将导入的电子表格数据使用 rbind ( ) 函数合并，详细命令如下：

```
#合并4张盈利能力表
yingli1234 < -rbind (yingli1, yingli2, yingli3, yingli4)
dim (yingli1234) #查看数据的规模
head (yingli1234)
```

7.2.4 计算所有公司的盈利能力

先要筛选数据，筛选出资产回报率（ROA），详细命令如下：

```
##计算所有上市公司的资产回报率
attach (yingli1234) #加载数据
#Stkcd [股票代码] ——以上海交易所、深圳证券交易所公布的证券代码为准
#Accper [截止日期] ——指会计报表日，统一用10位字符表示，如1999-12-31。
#Typrep [报表类型编码] ——A：合并报表；B：母公司报表；在公司未公布合并报表，本数据库以单一报表数据添列
#Indcd [行业代码]证监会行业分类2012年版版
#F050201B [总资产净利润率 (ROA) A]——净利润/总资产余额；当分母未公布或为零时，以NULL表示
#F050501B [净资产收益率 (ROE) A]——净利润/股东权益余额；当分母未公布或为零或小于零时，以NULL表示
roa < - data.frame (Stkcd, Accper, Typrep, Indcd, F050201B, F050501B)
head (roa)
options (digits =9)
#计算资产回报率
summary (roa $ F050201B)
##由于平均值大于3/4位数，说明存在异常值，需要截尾处理
mean (roa $ F050201B, trim =0.01, na.rm =T)
options (digits =12)
```

```
#计算净资产收益率
summary (roa $ F050501B)
##由于平均值大于3/4位数，说明存在异常值，需要截尾处理
mean (roa $ F050501B, trim =0.01, na.rm =T)
```

7.2.5 计算万科的盈利能力

先要筛选数据，万科的股票代码（Stkcd）000002，在数据库中显示为2，详细命令如下：

```
###分析万科的资产收益率
attach (roa)
wanke < -roa [which (Stkcd = =2),]
detach (roa)
wanke [1: 10, 1: 5]
head (wanke)
tail (wanke)
#计算万科的资产回报率
options (digits =6)
summary (wanke $ F050201B)
#计算万科的净资产收益率
summary (wanke $ F050501B)
```

7.2.6 计算房地产的盈利能力

先要筛选数据，房地产的行业代码（Indcd）是K70，在数据库中显示为

Incd = =K70，详细命令如下：

```
####求房地产行业的资产收益率
fangdiroa < -roa [which (lev $ Indcd = ="K70"),]
head (fangdiroa)
summary (fangdiroa $ F011201A)
```

7.2.7 计算竞争对手的盈利能力

先要筛选数据，考虑国内上市房地产企业金地集团，股票代码是600383；招商地产，股票代码是000024，详细命令如下：

```
####求金地集团的资产回报率
jindi < -roa [which (roa $ MStkcd = =" 600383"),]
head (jindi)
summary (jindi $ F011201A)
####招商地产的资产回报率
zhaoshang < -roa [which (roa $ Stkcd = =" 24"),]
head (zhaoshang)
summary (zhaoshang $ F011201A)
```

房地产的盈利能力可通过资产回报率 ROA 和净资产收益率 ROE 来反映，由表 7.7 可以看出，由于所有上市公司的资产回报率（ROA）和净资产回报率（ROE）最大值和最小值差异较大，因此平均值不具有参考意义。这时需要考虑中位数、1/4 分位数和 3/4 位数；由表7.7 看出，万科的资产回报率（ROA）和净资产回报率（ROE）的中位数分别为 0.0323 和 0.0775，大于所有上市公司的资产回报率（ROA）和净资产回报率（ROE）的中位数，也大于房地产行业的资产回报率（ROA）和净资产回报率（ROE）的中位数。毫无疑问，万科的盈利能力较好。

表 7.7 万科盈利能力比较分析

名称	Min.	1st Qu.	Median	Mean	3rd Qu.	Max
所有 ROA	-2474.000	0.0030	0.0160	0.0222	0.039	23510.000
所有 ROE	-3680.7888	0.0070	0.0308	0.0394	0.0713	64225430.1000
万科 ROA	-0.00427	0.01370	0.0323	0.0341	0.04730	0.23400
万科 ROE	-0.00871	0.04130	0.0787	0.0897	0.12700	0.53000
房地产 ROA	-8.7500	-0.0005	0.0084	0.0177	0.0279	3.1200
房地产 ROE	-25.0000	-0.0008	0.0211	0.0264	0.0689	23.300

续表

名称	Min.	1st Qu.	Median	Mean	3rd Qu.	Max
招商 ROA	-0.00706	0.0049	0.0195	0.0236	0.0378	0.1440
招商 ROE	-0.01870	0.0146	0.0504	0.0558	0.0865	0.3260
金地 ROA	-0.00127	0.0047	0.0189	0.0213	0.0323	0.0763
金地 ROE	-0.00336	0.0135	0.0553	0.0579	0.0883	0.1490

7.2.8 导出盈利能力 roa 数据

```
write.csv (roa, "H:\\广外教学课件准备\\R\\盈利能力160510\\roa.csv")
```

7.3 偿债能力分析

7.3.1 查询偿债能力数据

首先，进入国泰安 CSMAR 数据库，选择“公司研究系列”。

其次，选择中国上市公司财务指标分析数据库。

最后，选择偿债能力，为了体现大数据的全面性，建议大家选择全部数据，点击下载。当然也可以先预览数据。

7.3.2 导入偿债能力数据

导入的时候要将电子表格的数据另存为 CSV 格式，以方便后续的计算和分析。若第 2 行、第 3 行有字符型数据，也需要删除。详细命令如下：

```
rm（list = ls（））##清空系统内存
##财务报表分析
setwd（"H：\\ 广外教学课件准备 \\ R \偿债能力 160508"）
getwd（）
########
####导入偿债能力第 1 张 Excel;
changzhai1 < - read. csv（"FI_ T1. csv"，header = TRUE）
changzhai1 [1：10，1：5]    #列出 1 ~10 行，1 ~5 列的个数
number1 < - length（changzhai1 $ Stkcd）#显示对象元素的个数
number1
dim（changzhai1）#列出数据框的维度
####导入偿债能力第 2 张 Excel;
changzhai2 < - read. csv（"FI_ T11. csv"，header = TRUE）
changzhai2 [1：10，1：6]
number2 < - length（changzhai2 $ Stkcd）#显示对象元素的个数
number2
dim（changzhai2）#列出数据框的维度
####导入偿债能力第 3 张 Excel;
changzhai3 < - read. csv（"FI_ T12. csv"，header = TRUE）
changzhai3 [1：10，1：5]
dim（changzhai3）
####导入偿债能力第 4 张 Excel;
changzhai4 < - read. csv（"FI_ T13. csv"，header = TRUE）
changzhai4 [1：10，1：5]
dim（changzhai4）
```

7.3.3 合并偿债能力数据

将导入的电子表格数据使用 rbind（）函数合并，详细命令如下：

```
#合并4张偿债能力表
changzhai1234 < - rbind（changzhai1，changzhai2，changzhai3，
changzhai4）
dim（changzhai1234）#查看数据的规模
head（changzhai1234）
tail（changzhai1234）
```

7.3.4 计算所有公司的偿债能力

先要筛选数据，筛选出资产负债率（Lev），详细命令如下：

```
attach（changzhai1234）#加载数据
#Stkcd［股票代码］——以上海交易所、深圳证券交易所公布的证
券代码为准
#Accper［截止日期］——指会计报表日，统一用10位字符表示，
如1999 -12 -31。
#Typrep［报表类型编码］——A：合并报表；B：母公司报表；在
公司未公布合并报表，本数据库以单一报表数据添列。
#Indcd［行业代码］——证监会行业分类2012年版
#F010101A［流动比率］——流动资产/流动负债；当分母未公布
或为零时，以NULL表示
#F011201A［资产负债率］——负债合计/资产总计分子为空，零
值代替；分母为空或是零值，结果以NULL表示。
##生成资产负债率
lev < -data. frame（Stkcd，Accper，Typrep，Indcd，
F010101A，F011201A）
detach（changzhai1234）
```

```
head（lev）#列出对象地前6个样本
tail（lev）#列出对象地后6个样本
dim（lev）
attach（lev）
summary（lev $ F011201A）
#由于存在异常值，需要截尾处理
mean（lev $ F011201A，trim =0.01，na.rm =T）
```

7.3.5 计算万科的偿债能力

先要筛选数据，万科的股票代码（Stkcd）000002，在数据库中显示为2，详细命令如下：

```
#7.2.4 计算万科的偿债能力
attach（lev）
wanke < -lev [which（Stkcd = =2),]
wanke [1：10，1：6]
detach（lev）
wanke1 < -wanke [order（wanke $ Accper),]
head（wanke1）
tail（wanke1）
summary（wanke1 $ F011201A）
```

7.3.6 计算房地产的偿债能力

先要筛选数据，房地产的行业代码（Indcd）是K70，在数据库中显示为Incd = = K70，详细命令如下：

```
####求房地产行业资产负债率
fangdilev < -lev [which（lev $ Indcd = =" K70"),]
head（fangdilev）
summary（fangdilev $ F011201A）
```

7.3.7 计算竞争对手的偿债能力

先要筛选数据，考虑国内上市房地产企业金地集团，股票代码是600383；招商地产，股票代码是000024，详细命令如下：

```
####求金地集团资产负债率
jindi < -lev [which (lev $ Stkcd = =" 600383"),]
head (jindi)
summary (jindi $ F011201A)
####招商地产
zhaoshang < -lev [which (lev $ Stkcd = =" 24"),]
head (zhaoshang)
summary (zhaoshang $ F011201A)
```

资产负债率（Lev）表示公司的偿债能力，是衡量公司信用风险的重要财务指标。由表7.8可以看出，中国所有上市公司资产负债率的平均值是0.6041；而万科的资产负债率的平均值是0.6102，说明万科的资产负债率有点高。

表7.8 万科偿债能力评析

Variable	Min.	1stQu.	Median	Mean	3rdQu.	Max
所有 Lev	-0.6838	0.2581	0.4319	0.6041	0.6013	2293.0000
万科 Lev	0.2478	0.5290	0.6217	0.6102	0.7043	0.7975
金地 Lev	0.2769	0.5861	0.6762	0.6355	0.7089	0.7486
招商 Lev	0.2476	0.4930	0.5786	0.5685	0.6447	0.7345
房地产 Lev	0.0000	0.4000	0.5695	0.6517	0.7055	94.2500

但考虑到万科属于房地产行业，那么万科高资产负债率可能是由房地产的行业属性所引起的。在由房地行业的资产负债率的平均值为0.6517，大于所有上市公司的上市公司资产负债率的平均值是0.6041，说明中国房地产的资产负债比较高。但万科小于房地产行

业，在同竞争对手的对比中，万科小于金地，但是大于招商地产，说明万科偿债能力比较好，信用评级高，万科股票值得考虑。但是与招商地产相比，资产负债率仍较高。

7.3.8 导出偿债能力 Lev 数据

```
write.csv (lev, "H:\\广外教学课件准备\\R\\偿债能力160510\\lev.csv")
```

7.4 经营能力分析

营运能力是指企业的经营运行能力，即企业运用各项资产以赚取利润的能力。企业营运能力的财务分析比率有存货周转率、应收账款周转率、营业周期、流动资产周转率和总资产周转率等。这里选取应收账款周转率作为运营能力的代理指标进行分析。

7.4.1 查询经营能力数据

首先，进入国泰安 CSMAR 数据库，选择公司研究系列。

其次，选择中国上市公司财务指标分析数据库。

最后，选经营能力，为了体现大数据的全面性，建议大家选择全部数据，点击下载。当然也可以先预览数据。

7.4.2 导入经营能力数据

导入的时候要将电子表格的数据另存为 CSV 格式的数据，方便后续计算和分析。若第 2 行、第 3 行有字符型数据，也需要删除。详细命令如下：

```
#####经营能力分析
rm (list = ls ()) ##清空系统内存
setwd ("H:\\广外教学课件准备\\R\\经营能力160510")
```

```
getwd ()
###导入经营能力
########
####导入经营能力第 1 张 Excel;
jingying1 < - read. csv (" FI_ T4. csv", header = TRUE)
jingying1 [1: 10, 1: 5]
number1 < - length (jingying1 $ Stkcd) #显示对象元素的个数
number1
dim (jingying1) #列出数据框的维度
####导入经营能力第 2 张 Excel;
jingying2 < - read. csv (" FI_ T41. csv", header = TRUE)
jingying2 [1: 10, 1: 6]
number2 < - length (jingying2 $ Stkcd) #显示对象元素的个数
number2
dim (jingying2) #列出数据框的维度
####导入经营能力第 3 张 Excel;
jingying3 < - read. csv (" FI_ T42. csv", header = TRUE)
jingying3 [1: 10, 1: 5]
dim (jingying3)
####导入经营能力第 4 张 Excel;
jingying4 < - read. csv (" FI_ T43. csv", header = TRUE)
jingying4 [1: 10, 1: 5]
dim (jingying4)
```

7.4.3　合并经营能力数据

将导入的电子表格数据使用 rbind () 函数合并，详细命令如下：

```
######
#合并 4 张经营能力表
jingying1234 < - rbind（jingying1，jingying2，jingying3，jingying4）
dim（jingying1234）
head（jingying1234）##列出前 6 个数据
tail（jingying1234）##列出后 6 个数据
```

7.4.4 计算所有公司的经营能力

先要筛选数据，筛选出应收账款周转率 A（yingshou），详细命令如下：

```
###计算所有公司经营能力
attach（jingying1234）#加载数据经营能力数据
#Stkcd［股票代码］——以上海交易所、深圳证券交易所公布的证券代码为准
#Accper［截止日期］——指会计报表日，统一用 10 位字符表示，如 1999 - 12 - 31。
#Typrep［报表类型编码］——A：合并报表；B：母公司报表；在公司未公布合并报表，本数据库以单一报表数据添列。
#Indcd［行业代码］——证监会行业分类 2012 年版
#F040101B［应收账款与收入比］——应收账款/营业收入；当分母未公布或为零或小于零时，以 NULL 表示
#F040201B［应收账款周转率 A］——营业收入/应收账款期末余额；当分母未公布或为零或小于零时、分子小于零时以 NULL 表示
###应收账款周转率
yingshou < - data. frame（Stkcd，Accper，Indcd，F040201B）
head（yingshou）
detach（jingying1234）#加载数据经营能力数据
attach（yingshou）
summary（F040201B）
```

7.4.5　万科经营能力分析

先要筛选数据，万科的股票代码（Stkcd）000002，在数据库中显示为2，详细命令如下：

```
#7.2.4 计算万科的经营能力
attach (yingshou)
wanke < -yingshou [which (Stkcd = =2),]
wanke [1: 10, 1: 6]
detach (yingshou)
wanke1 < -wanke [order (wanke $ Accper),]
head (wanke1)
tail (wanke1)
summary (wanke1 $ F040201B)
```

7.4.6　计算房地产的经营能力

先要筛选数据，房地产的行业代码（Indcd）是K70，在数据库中显示为Incd = =K70，详细命令如下：

```
####求房地产行业应收账款周转率
fangdiyingshou <- yingshou [which (lev $ Indcd == "K70"),]
head (fangdiyingshou)
summary (fangdiyingshou $ F011201A)
```

应收账款周转率用来衡量经营能力，由表7.9可以看出，中国所有上市公司的应收账款周转率的平均值是8596；房地产的应收账款周转率的平均值是2157，考虑所有上市公司应收账款周转率的最大值是1036000000，而房地产行业应收账款周转率的平均值是2157，最大值是85600，说明存在大量的极端值，这时候简单的考虑平均值已经没有意义。

表 7.9 万科和中国上市公司应收账款周转率比较

变量	Min.	1st Qu.	Median	Mean	3rd Qu.	Max.
所有(yshou)	-162900	1	3	8596	9	1036000000
万科(yshou)	0.9169	4.6120	9.2180	20.3600	29.2200	116.2000
房地产(yshou)	-91	2	8	2157	42	85600

最大值和最小值差别较大，说明用平均值不能准确衡量经营能力，而应该用中位数，1/4 分位数和 3/4 分位数来衡量经营能力。在由房地行业的应收账款周转率的平均值为 989.4，小于所有上市公司的应收账款周转率的均值 8596，但万科不仅大于房地产行业，也大于所有上市公司平均值，说明万科经营状况良好。

7.4.7 导出经营能力 yingshou 数据

```
###导出经营能力的数据
write. csv (yingshou, "H: \\ 广外教学课件准备 \\ R \\ 经营能力 160510 \\ yingshou. csv")
```

7.5 风险水平分析

金融衍生产品中的股指期货则受到了严格的限制，其套保与价值发现功能基本丧失；市场上的资金供应格局出现了极大的变化，带有神秘色彩的救市资金充当了市场的绝对主力，围绕其进与退的传闻客观上也使得行情的演绎变得更加扑朔迷离；而对于杠杆资金在规模、性质、组织方式乃至交易接口等方面所出现的争议及所存在的不确定性，更是令市场缺乏平稳运行的必要条件。

风险水平是企业信用能力的重要体现，当下企业信用不足主要是风险管控水平不足所引起的。

7.5.1 查询风险水平数据

首先，进入“国泰安经济金融研究数据库 CSMAR 数据库”，选择公司研究系列；再选择“中国上市公司财务指标分析数据库”。

然后，选择风险水平，为了体现大数据的 4v 特征，建议大家选择全部数据，单击下载。当然也可以先预览数据，查看数据的基本属性后再下载。

7.5.2 导入风险水平数据

导入的时候要将电子表格的数据另存为 CSV 格式的数据，无论是下载的 Exc - el2003 格式的还是 CSV 格式的，都需要另存为，方便后续计算和分析。若第 2 行和第 3 行有字符型数据，也需要删除。详细命令如下：

```
rm（list = ls（））##清空系统内存
##风险水平
setwd（"H:\\ 广外教学课件准备 \\ R\\ 风险水平 160510"）
getwd（）
########
####导入风险水平第 1 张 Excel;
fengxian1 < - read. csv（" FI_ T7. csv", header = TRUE）
fengxian1 [1: 10, 1: 5]    #列出 1 ~10 行，1 ~5 列的个数
number1 < - length（fengxian1 $ Stkcd）#显示对象元素的个数
number1
dim（fengxian1）#列出数据框的维度
####导入风险水平第 2 张 Excel;
```

```
fengxian2 < -read. csv (" FI_ T71. csv", header=TRUE)
fengxian2 [1: 10, 1: 6]
number2 < -length (fengxian2 $ Stkcd) #显示对象元素的个数
number2
dim (fengxian2) #列出数据框的维度
####导入风险水平第 3 张 Excel;
fengxian3 < -read. csv ("FI_ T72. csv", header=TRUE)
fengxian3 [1: 10, 1: 5]
dim (fengxian3)
####导入风险水平第 4 张 Excel;
fengxian4 < -read. csv ("FI_ T73. csv", header=TRUE)
fengxian4 [1: 10, 1: 5]
dim (fengxian4)
```

7.5.3 合并风险水平数据

将导入的电子表格数据使用 rbind（）函数合并，详细命令如下：

```
#合并 4 张风险水平表
fengxian1234 < -rbind (fengxian1, fengxian2, fengxian3, fengxian4)
dim (fengxian1234) #查看数据的规模
head (fengxian1234)
```

7.5.4 计算所有公司的风险水平

先要筛选数据，筛选财务杠杆（DFL），详细命令如下：

```
##计算所有上市公司的财务杠杆
#Stkcd [股票代码] ——以上海交易所、深圳证券交易所公布的证券代码为准
#Accper [截止日期] ——指会计报表日，统一用10位字符表示，如1999-12-31
#Typrep [报表类型编码] ——A：合并报表；B：母公司报表；在公司未公布合并报表，本数据库以单一报表数据添列
#Indcd [行业代码] ——证监会行业分类2012年版
#F070101B [财务杠杆] —— (净利润+所得税费用+财务费用)/(净利润+所得税费用)；当分母未公布或为零、财务费用小于零时，以NULL表示
#F070201B [经营杠杆] —— (净利润+所得税费用+财务费用+固定资产折旧、油气资产折耗、生产性生物资产折旧+无形资产摊销+长期待摊费用摊销)/(净利润+所得税费用+财务费用)；当分母未公布或为零、财务费用小于零时，以NULL表示
#F070301B [综合杠杆] —— (净利润+所得税费用+财务费用+固定资产折旧、油气资产折耗、生产性生物资产折旧+无形资产摊销+长期待摊费用摊销)/(净利润+所得税费用)；当分母未公布或为零、财务费用小于零时，以NULL表示；或者：财务杠杆*经营杠杆
attach (fengxian1234)
dfl <- data.frame (Stkcd, Accper, Indcd, F070101B)
head (dfl)
detach (fengxian1234)
summary (dfl $ F070101B)
```

7.5.5 计算万科的风险水平

先要筛选数据，万科的股票代码（Stkcd）000002，在数据库中显示为2，详细命令如下：

```
#7.2.4 计算万科的风险水平
attach (dfl)
wanke < -dfl [which (Stkcd = =2),]
wanke [1: 10, 1: 6]
detach (dfl)
wanke1 < -wanke [order (wanke $ Accper),]
head (wanke1)
tail (wanke1)
summary (wanke1 $ F070101B)
```

7.5.6 计算房地产的风险水平

先要筛选数据，房地产的行业代码（Indcd）是 K70，在数据库中显示为 Incd = = K70，详细命令如下：

```
####求房地产行业资产负债率
fangdidfl < -dfl [which (dfl $ Indcd = =" K70"),]
head (fangdidfl)
summary (fangdidfl $ $ F070101B)
```

财务杠杆（DFL）表示当 EBIT 变动 1 倍时 EPS 变动的倍数。用来衡量筹资风险，由表 7.10 可以看出，中国所有上市公司的财务杠杆的平均值是 1.32；而万科的财务杠杆的平均值是 0.2646，说明筹资风险很低。

表 7.10 万科和中国上市公司财务杠杆比较

变量	Min.	1st Qu.	Median	Mean	3rd Qu.	Max.
所有（DFL）	-73110.00	0.95	1.06	1.32	1.35	33330.00
万科（DFL）	-86.7700	0.9678	1.0210	0.2646	1.0630	2.0330
房地产（DFL）	-636.100	0.966	1.036	1.696	1.254	6944.000

在由房地行业的财务杠杆的平均值为1.696，大于所有上市公司的财务杠杆的均值1.32，说明中国房地产的财务费用较大。但万科不仅小于房地产行业，也小于所有上市公司的平均值，说明万科经营比较有风险，信用评级高。

7.5.7 导出风险水平DFL数据

write. csv（dfl，"H：\\ 广外教学课件准备 \\ R \\ 偿债能力160510 \\ dfl. csv"）。

第 8 章　财经大数据可视化分析

将满是数字和文字的财务指标分析结果展示给非专业人士时，得到的可能只是他们呆滞的眼神和懵懂的表情；然而，当使用图形向他们展示相同的信息时，他们往往会兴致盎然，甚至豁然开朗。

通常，通过看图才得以发现数据的模式（Schema）或检查出数据中的异常值。这些数据模式和异常值都是进行更为正式的统计分析所遗漏，这就是可视化的效果，也是人脑最易接受数据的一种方式。

图表在数据分析中的作用是非常明显的，掌握绘图方法是进行数据分析的必备技能。作为财经数据分析专家，必须要通过可视化效果来展现。常用函数主要分为高级绘图函数和低级绘图函数，辅助一些图形文字添加和图形展示效果改变的基本命令。

8.1　指标可视化概述

8.1.1　图形的最基础构成

任何一幅图形都是由以下这些最基础的图形元素构成，R 语言是一个惊艳的图形构建平台。这里我特意使用了“构建”一词，是因为在通常的交互式会话中，可以通过逐条输入语句构建图形，逐渐完善图形特征，直至得到想要的效果。

- 点（points）

- 线（lines，abline，segments，arrows）
- 多边形（rect，polygon，box）
- 颜色（colors）
- 文本（text）
- 图例（legend）

8.1.2 绘图函数分类

（1）高级绘图函数（High－level Plotting Functions）：创建一个新的图形。

（2）低级绘图函数（Low－level Plotting Functions）：在现有的图形上添加元素。

（3）绘图参数（Graphical Parameters）：提供了丰富的绘图选项，可以使用函数 par（）修改。

为了很好地说明如何用 R 语言进行财经大数据可视化，下面介绍一个例子：

使用 R 自带的数据集 mtcars 画图。mtcars 是美国 Motor Trend 公司收集的 1973～1974 年 32 种汽车包含了油耗与设计及性能方面共 11 项指标的数据集。如表 8.1 所示。

```
>edit（mtcars）
```

```
>rm（list=ls（））    ##清空系统内存
>attach（mtcars）#绑定搜索路径为 mtcars 数据集
>plot（hp，mpg）    #绘制 hp 和 mpg 的二维图
```

表 8.1 mtcars 数据集展示

数据编辑器

文件 编辑 帮助

	row.names	mpg	cyl	disp	hp	drat	wt	qsec	vs	am	gear	carb
1	Mazda RX4	21	6	160	110	3.9	2.6	16	0	1	4	4
2	Mazda RX4 Wag	21	6	160	110	3.9	2.9	17	0	1	4	4
3	Datsun 710	23	4	108	93	3.8	2.3	19	1	1	4	1
4	Hornet 4 Drive	21	6	258	110	3.1	3.2	19	1	0	3	1
5	Hornet Sportabout	19	8	360	175	3.1	3.4	17	0	0	3	2
6	Valiant	18	6	225	105	2.8	3.5	20	1	0	3	1
7	Duster 360	14	8	360	245	3.2	3.6	16	0	0	3	4
8	Merc 240D	24	4	147	62	3.7	3.2	20	1	0	4	2
9	Merc 230	23	4	141	95	3.9	3.1	23	1	0	4	2
10	Merc 280	19	6	168	123	3.9	3.4	18	1	0	4	4
11	Merc 280C	18	6	168	123	3.9	3.4	19	1	0	4	4
12	Merc 450SE	16	8	276	180	3.1	4.1	17	0	0	3	3
13	Merc 450SL	17	8	276	180	3.1	3.7	18	0	0	3	3
14	Merc 450SLC	15	8	276	180	3.1	3.8	18	0	0	3	3
15	Cadillac Fleetwood	10	8	472	205	2.9	5.2	18	0	0	3	4
16	Lincoln Continental	10	8	460	215	3	5.4	18	0	0	3	4
17	Chrysler Imperial	15	8	440	230	3.2	5.3	17	0	0	3	4
18	Fiat 128	32	4	79	66	4.1	2.2	19	1	1	4	1
19	Honda Civic	30	4	76	52	4.9	1.6	19	1	1	4	2
20	Toyota Corolla	34	4	71	65	4.2	1.8	20	1	1	4	1
21	Toyota Corona	22	4	120	97	3.7	2.5	20	1	0	3	1
22	Dodge Challenger	16	8	318	150	2.8	3.5	17	0	0	3	2
23	AMC Javelin	15	8	304	150	3.1	3.4	17	0	0	3	2
24	Camaro Z28	13	8	350	245	3.7	3.8	15	0	0	3	4
25	Pontiac Firebird	19	8	400	175	3.1	3.8	17	0	0	3	2
26	Fiat X1-9	27	4	79	66	4.1	1.9	19	1	1	4	1
27	Porsche 914-2	26	4	120	91	4.4	2.1	17	0	1	5	2
28	Lotus Europa	30	4	95	113	3.8	1.5	17	1	1	5	2
29	Ford Pantera L	16	8	351	264	4.2	3.2	14	0	1	5	4
30	Ferrari Dino	20	6	145	175	3.6	2.8	16	0	1	5	6
31	Maserati Bora	15	8	301	335	3.5	3.6	15	0	1	5	8
32	Volvo 142E	21	4	121	109	4.1	2.8	19	1	1	4	2

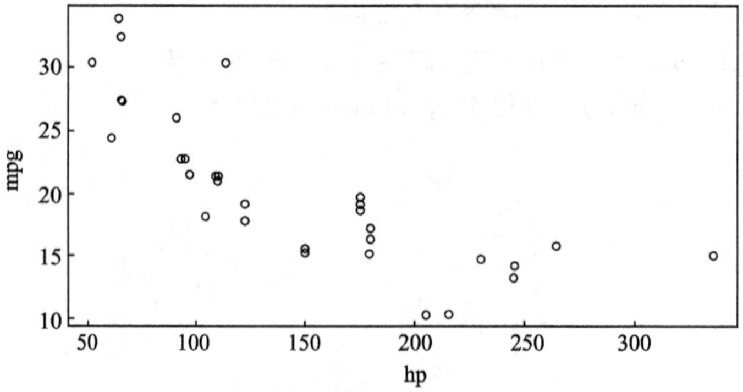

图 8.1 马力和耗油量的散点图

其中，hp 是汽车的总马力，mpg（miles per gallon）表示汽车消耗每加仑汽油可以行使的英里数。

> lr < - lm（mpg ~ hp）　#将 hp 与 mpg 的回归结果赋值给 lrl > abline（lr）　#在图 8.1 中加入拟合的回归线（见图 8.2）

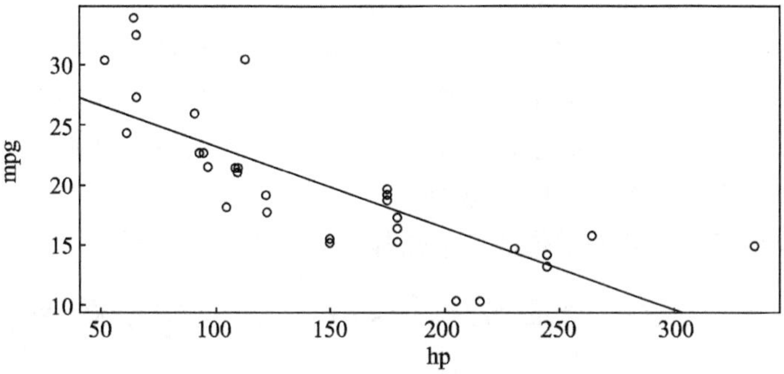

图 8.2　马力和耗油量的回归线

为了表示两者的关系，可以加条直线，从图 8.2 中可以看出，两者存在比较明显的负相关关系，说明马力越大，耗油量越大。

8.2　绘图参数

R 的常用绘图参数（字体、颜色、坐标轴、标题、图例），可以通过高级绘图参数和低级绘图参数对指定绘图参数进行设定和修改。

8.2.1　高级绘图参数

在高级绘图函数（如 hist/boxplot/plot 等）中直接指定，进行临时性参数设置，如下述常用的图表类型：

- 条形图（Barplot）：用于分类数据。
- 直方图（Hist）、点图（Dotchart）、茎叶图（Stem）：用于观察数值型分布的形状。

- 箱形图（Boxplot）：给出数值型分布的汇总数据，适用于不同分布的比较和拖尾、截尾分布的识别。
- 正态概率图（Qqnorm）：用于观察数据是否近似地服从正态分布。

由此可见，可视化也可以作为数据集进行探索性数据分析的初步工具，详细解释如下（括号中为 R 语言绘图函数）：

1）条形图（Barplot）：用于分类数据。条图的高度可以是频数或频率，图的形状看起来是一样，但是刻度不一样。R 画条形图的命令是 barplot（）。对数值型数据作条形图，需先对原始数据分组，否则做出的不是分类数据的条形图。

如读取第 7 章的学生成绩数据作图，如图 8.3 所示。

```
>msg < - cut (ms $ math, breaks = c (min (ms), 60, 80, max
(ms)))
>table (msg)
msg
(1, 60] (60, 80] (80, 98]
   3        10        11
>plot (msg)
```

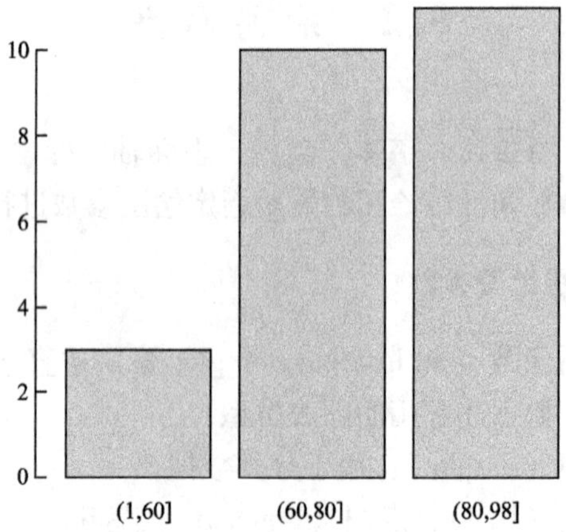

图 8.3　学习成绩条形图

2）直方图（Hist）、点图（Dotchart）、茎叶图（Stem）。直方图用于表示（描述）连续型变量的频数分布，实际应用中常用于考察变量的分布是否服从某种分布类型，如正态分布。图形以矩形的面积表示各组段的频数（或频率），各矩形的面积总和为总频数（或等于1）。R里用来作直方图的函数是hist（），也可以用频率作直方图，在R里作频率直方图很简单，只要把probability参数设置为T可以了，默认为F。

例如，对每加仑汽油行驶的英里数作直方图：

```
hist (mtcars $ mpg, col. lab =" red")
```

再比如，对学生成绩绘制直方图（见图8.4）：

```
hist (ms $ math)
```

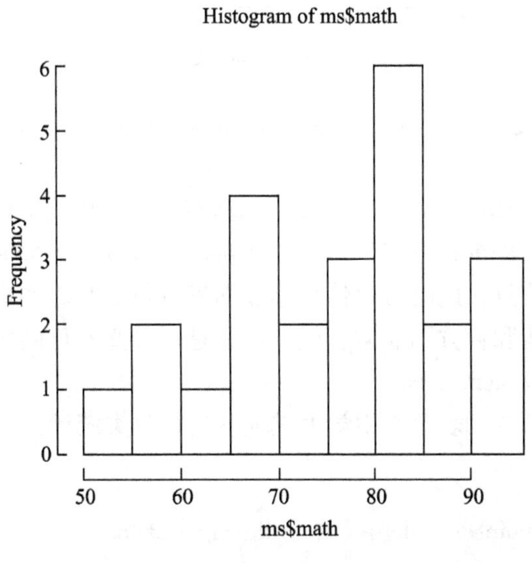

图8.4　对学生成绩绘制直方图

在R里作频率直方图，把probability参数设置为T可以了。如图8.5所示。

```
>hist（ms $ math，prob =T）
```

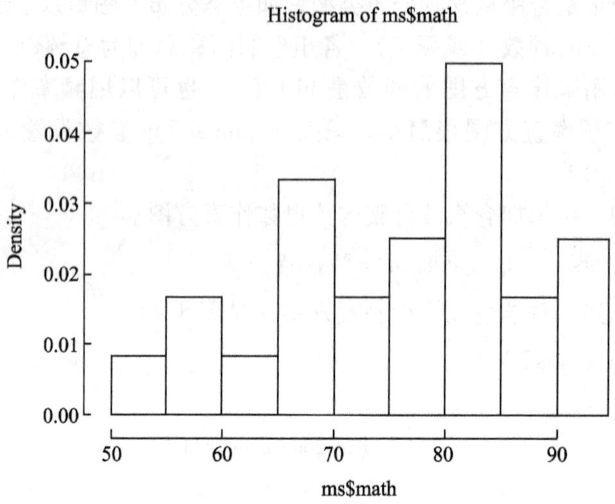

图 8.5 在 R 里作频率直方图

茎叶图（Stem）用于观察数值型分布的形状。由于绘制直方图时需要先对数据进行分组汇总，因此对样本量较小的情形，直方图会损失一部分信息，此时可以使用茎叶图来进行更精确的描述。茎叶图的形状与功能和直方图非常相似，但它是一种文本化的图形。R 里作茎叶图用函数 stem ( )。

比如对第 7 章表 7.4 中学生成绩表进行分类统计：

```
>stem（ms $ math）
The decimal point is 1 digit（s）to the right of the |
5 | 4
6 | 00368
7 | 003478
8 | 01134558
9 | 0135
```

其中，竖线左边的标示科学计数法表示的个位数字，第一行，意味着分数是54的有一位同学，第二行表示分数是60分的有两位，63分的有一位，66分的有一位，68分的有一位，其他分数段也与60分数段的一致。从茎叶图中可以看出，80分数段上的同学最多。

3）箱线图（Boxplot）。给出数值型分布的汇总数据，适用于不同分布的比较和拖尾、截尾、分布的识别。

箱线图是由一个箱子和两根引线构成，可分为垂直型和水平型，下端引线（垂直型）或左端引线（水平型）表示数据的最小值；箱子的下端（垂直型）或左端（水平型）表示1/4分位数；箱子中间的线表示中位数；箱子上端（垂直型）或右端（水平型）表示3/4分位数；上端引线（垂直型）或右端引线（水平型）表示最大值。

箱线图和直方图一样都是用于考察连续变量的分布情况，但它的功能和直方图并不重叠，直方图侧重于对一个连续变量的分布情况进行详细考察，而箱线图更注重于勾勒出统计的主要信息（最小值、1/4分位数、中位数、3/4位数和最大值），并且便于对多个连续变量同时考察，或者对一个变量分组进行考察，在使用上要比直方图更为灵活，用途也更为广泛。

在R里作箱线图的函数是boxplot（），而且可以设置垂直型和水平型，默认是垂直型，要得到水平型函数，只需要horizontal = T。

```
>boxplot（ms $ math）
>boxplot（ms $ math，horizontal =T）
```

4）正态概率图（Qnorm）。用于观察数据是否近似地服从正态分布。

5）密度图（Density）。用于观察数据时态分布。

```
hist（faithful $ eruptions，prob =T，breaks =25）
   lines（density（faithful $ eruptions），col = 'red'）
```

8.2.2　低级绘图参数

通过par（）函数进行全局性参数设置，我们可以通过修改图形参数的选项来自定义一幅图形的多个特征，以这种方式设定的参数值除非被再次修改，否则将在会话结束前一直有效。其调用命令格式为：

```
par (optionname = value, optionname = name, …)
par ()                        #查看当前绘图参数设置
opar < - par ()               #保存当前设置
par (col. lab = "  red")      #设置坐标轴标签为红色
hist (mtcars $ mpg)           #利用新的参数绘图
par (opar)                    #恢复绘图参数的原始设置
```

下面通过一个具体的例子进行演示，表 8.2 为假设出来的数据集，描述的是电脑价格对需求的影响。

表 8.2　某品牌电脑价格需求

价格 p（千元）	需求量 q（万台）
1	70
2	69
3	63
4	60
5	58

先将数据导入 R 中，代码如下：

```
>p < -1: 5
>q < -c (70, 69, 63, 60, 58)
>z < - data. frame (p, q)
>z
```

现使用以下代码可以创建一幅描述该品牌电脑价格及其需求量的响应关系，如图 8.7 所示。

```
>plot (p, q," b")    #" b" for both, points and lines
>help (plot)
```

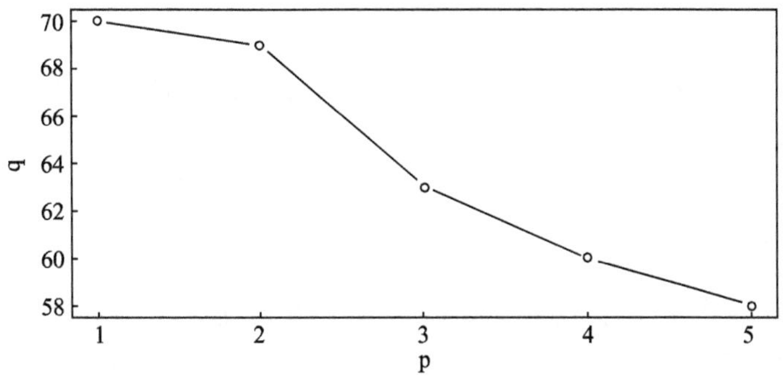

图8.7 电脑价格及其需求量关系

通过使用以下代码对参数进行修改，可以得到如图8.8的效果。

```
>plot（p，q，" b"，lty =3，pch =17）
```

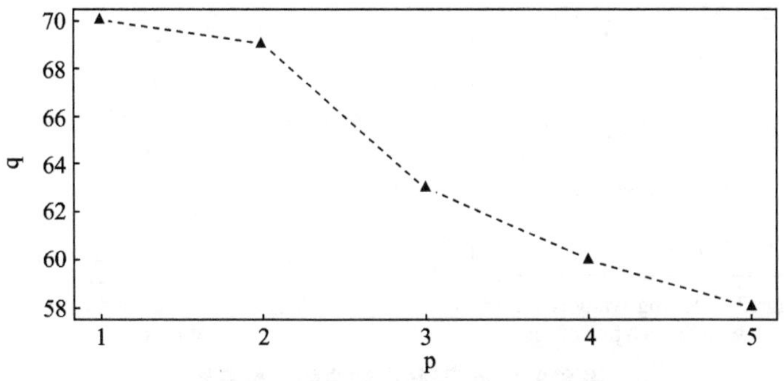

图8.8 电脑价格及其需求量关系添加效果

plot函数的参数表示将线条类型修改为虚线（lty =3），并将点符号改为了实心三角（pch =17），也可以使用par（）进行永久修改。

```
> opar < - par ( )                  #保存当前设置
> par (lty =3, pch =17)             #设定默认的线条为虚线，符号为实
心三角形
> plot (p, q," b")
> par (opar)                        #恢复绘图参数的原始设置
```

为了更详尽地展现 R 语言的强大绘图能力，下面将分章节介绍其绘图参数。

8.2.3 点符号、线条与颜色

图形最基本的元素是点、线条以及颜色。如图 8.9、表 8.3 所示。

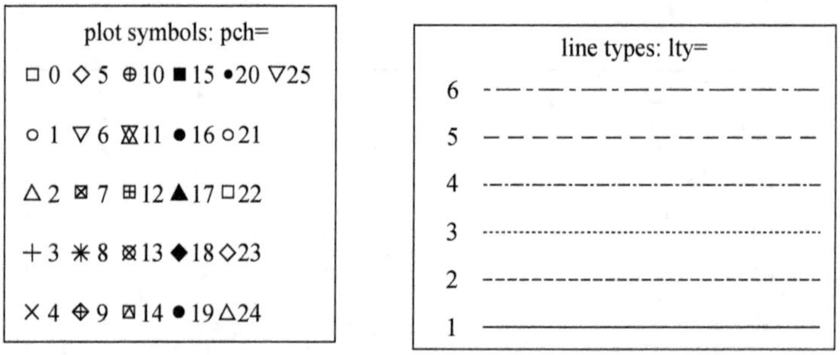

Figure3.4 Plotting symbols specified with the pch parameter

Figure 3.5 Line types specified with the lty parameter

图 8.9 plot 函数点和线的参数设置

资料来源：Rin action。

表 8.3 点符号、线条与颜色参数

参数	功能
pch	指定绘制点时使用的符号，R 中共有 25 种点符号供选择
lty	指定线条的形态，R 中共有 6 种线型供选择，0 = blank（空白），1 = solid（实线）（default），2 = dashed（虚线），3 = dotted（点线），4 = dotdash（点和虚线），5 = longdash（长虚线），6 = twodash（长短虚线）

续表

参数	功能
lwd	指定线条宽度。lwd 是以默认值的相对大小来表示的（默认值为 1）。例如，lwd =2 将生成一条两倍于默认宽度的线条
cex	指定符号的大小（默认值为 1），例如，cex =2 将生成两倍于默认值的符号 cex. axis　坐标轴刻度标记的缩放比例 cex. lab　坐标轴标题的缩放比例 cex. main　主标题的缩放比例 cex. sub　子标题的缩放比例
font	用于指定绘图使用的字体样式。1 = 常规，2 = 粗体，3 = 斜体，4 = 粗斜体 font. axis　坐标轴刻度文字的字体样式 font. lab　坐标轴标签（名称）的字体样式 font. main　主标题的字体样式 font. sub　副标题的字体样式 ps　字体磅值（1 磅约为 1/72 英寸）。文本的最终大小为 ps * cex family　绘制文本时使用的字体族。标准的取值为 serif（衬线）、sans（无衬线）和 mono（等宽）
col	指定绘图颜色 col. axis　坐标轴刻度标记的颜色 col. lab　坐标轴标题的颜色 col. main　主标题的颜色 col. sub　子标题的颜色 fg　设置前景色 bg　设置背景色 在 R 中，可以通过颜色下标、颜色名称、十六进制的颜色值、RGB 值或 HSV 值来指定颜色。举例来说，col = 1、col = " white"、col = " #FFFFFF"、col = rgb（1，1，1）和 col = hsv（0，0，1）都是表示白色的等价方式。函数 rgb（）可基于红—绿—蓝三色值生成颜色，而 hsv（）则基于色相—饱和度—亮度值来生成颜色
pin	以英寸表示的图形尺寸（宽和高）
mai	边界大小，顺序为“下、左、上、右”，单位为英寸
mar	边界大小，顺序为“下、左、上、右”，单位为英分。默认值为 c（5，4，4，2）+0. 1

下面将通过具体的例子，看看参数的设置对图形的影响效果，具体如下：

```
>help (par)
>u< -1: 25
>plot (u, pch =u, col =u, cex =2)
```

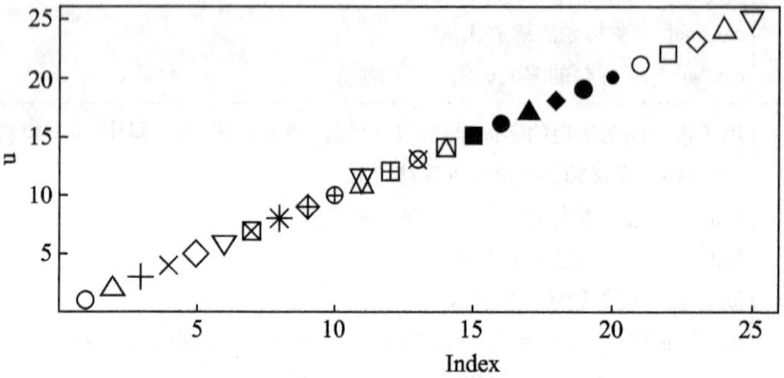

图 8.10　plot 点参数变化

图 8.10 展示了 R 语言 25 种点符号以及 8 种基本色。plot 绘制的图像，x 轴是序号，y 轴是 u 的值，pch = u 表示点符号设定为 1 ~ 25 号，col = u 表示颜色设定为 1 ~ 25，因为 R 中用数字代表的颜色有 8 种，所以自动进行循环。

```
>matplot (matrix (1: 60, 10, 6), lty =1: 6, lwd =2, type =" l")
```

图 8.11 展示了 R 语言 6 种线条类型。matplot 绘制矩阵的图像，matrix（1：60，10，6），表示一个 10 行 6 列元素为 1 ~ 60 的矩阵，x 轴是矩阵行号，y 轴是元素的值，每条线是每一列的元素勾勒出来的。lty = 1：6 表示线条类型设定为 1 ~ 6 号，lwd = 2 表示线条宽度设定为默认值的 2 倍，type = "l" 表示画的为实线。

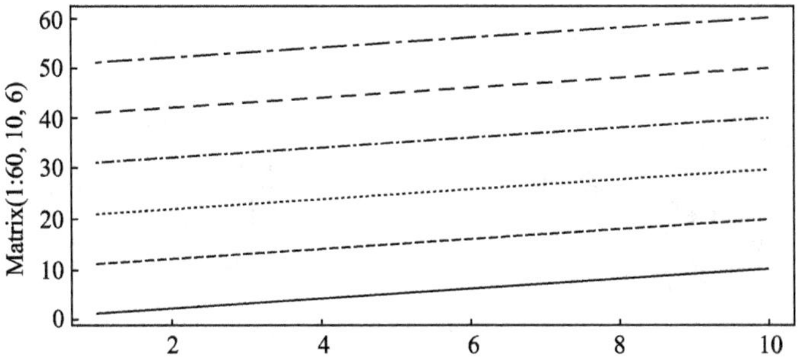

图 8.11　plot 线参数变化

提示：

关于颜色的设定：函数 colors（）可以返回所有可用颜色的名称。R 中也有多种用于创建连续型颜色向量的函数，包括 rainbow（）、heat. colors（）、terrain. colors（）、topo. colors（）以及 cm. colors（），具体请参考这些函数的帮助文件。

举例来说，rainbow（10）可以生成 10 种连续的“彩虹型”颜色。多阶灰度色可使用 gray（）函数生成。这时要通过一个元素值为 0 ~ 1 的向量来指定各颜色的灰度。gray（0：10/10）将生成 10 阶灰度色。

通过以下代码演示一下，如图 8.12 所示。

```
>n < -10
>mycolors < -rainbow (n)                #把 n 种彩虹色赋值给 my-
colors
>pie (rep (1, n), col = mycolors)       #画 n 块分区的饼图，颜色
设定为
>mycolors
>mygrays < -gray (0: n/n)               #把 n 种灰度赋值给 mygrays
>pie (rep (1, n), col = mygrays)        #画 n 块分区的饼图，颜色
设定为 mygrays
```

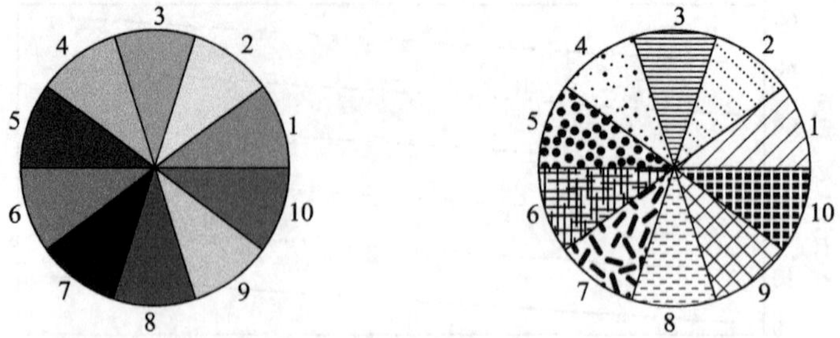

图 8.12 颜色参数设置对比

8.2.4 标题、坐标轴与图例

在图形上添加主标题（Main）、副标题（Sub）、坐标轴标签（Xlab、Ylab）并指定了坐标轴范围（Xlim、Ylim）。如表 8.4 所示。

表 8.4 标签说明

参数	功能
标题 title（main =，sub =，xlab =，ylab =）	
main	主标题
sub	副标题
xlab	x 轴标签
ylab	y 轴标签
坐标轴 axis（side，at =，labels =，lty =，col =，las =，tck =，…）	
side	坐标轴绘制位置（1：下，2：左，3：上，4：右）
at	需要绘制刻度线的位置（x/y）
labels	刻度线旁边的文字标签
lty	坐标轴线条类型
col	线条和刻度线的颜色
las	0：标签平行于坐标轴，2：标签垂直于坐标轴
tck	刻度线的长度（默认值 -0.01）

续表

参数	功能
图例 legend（location，title，legend）	
location	有许多方式可以指定图例的位置。你可以直接给定图例左上角的 x、y 坐标，也可以执行 locator（1），然后通过鼠标单击给出图例的位置，还可以使用关键字 bottom、bottomleft、left、topleft、top、topright、right、bottomright 或 center 放置图例
title	图例标题的字符串（可选）
legend	图例标签组成的字符型向量

继续之前电脑价格对需求影响情况的例子，使用高级绘图函数直接加入参数，代码和成像结果如下：

```
>p<-1：10
q<-c（70，68，63，65，58，67，72，63，67，65）
plot（p，q，" b"，col="green"，
lty=2，pch=3，lwd=2，
main=" 电脑价格需求曲线"，
sub=" 假设的数据"，
xlab=" 价格"，ylab=" 需求量"，
xlim=c（1，10），ylim=c（58，72）
)
```

加上了标题、副标题、坐标标签，使得一眼就能知道图片所表示的含义，代表的变量。

亦可以通过 title（），axis（），legend（）完成以上参数设定，但是某些高级绘图函数已经包含了默认的设定，需要通过以下办法先进行消除。其中，针对标题和标签，你可以通过在 plot（）语句或单独的 par（）语句中添加 ann=FALSE 来移除它们，对于自动生成的坐标轴，axes=FALSE 将禁用全部坐标轴，参数 xaxt=" n" 和 yaxt="n" 将分别禁用 X 轴或 Y 轴（会留下框架线，只是去除了刻度），利用之前的例子进行说明：

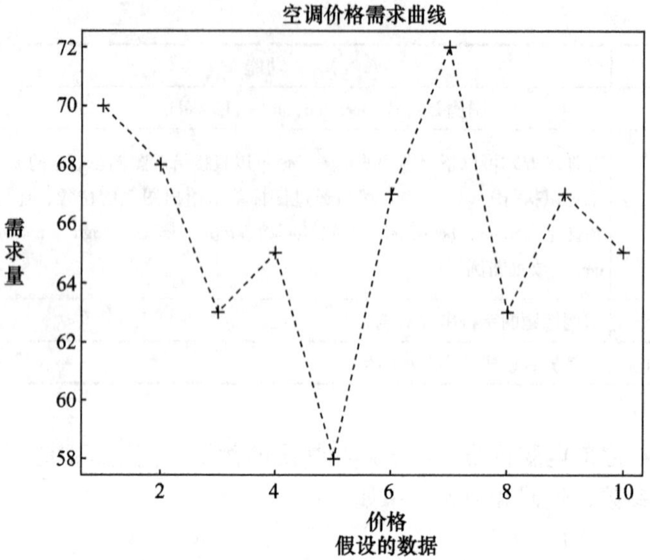

图 8.13　电脑价格需求曲线

```
>p < -1：10
>q < -c（70，68，63，65，58，67，72，63，67，65）
>plot（p，q，" b"，col = 'blue'，lty = 2，pch = 2，lwd = 2，ann =
F，axes = F）
>title（main = " 电脑价格需求曲线"，col. main = 'green'，
      sub = " 假设的数据"，col. sub = 'blue'，
      xlab = " 价格"，ylab = " 需求量"，
   ）
>axis（1，at = p，labels = p，col. axis = 'red'，las = 1）
>axis（2，at = q，labels = q，col. axis = 'red'，las = 2）
>legend（" topright"，inset = 0. 05，title = " 图例"，
" 价格需求线"，col = 'blue'，lty = 2，pch = 2，lwd = 2
   ）
```

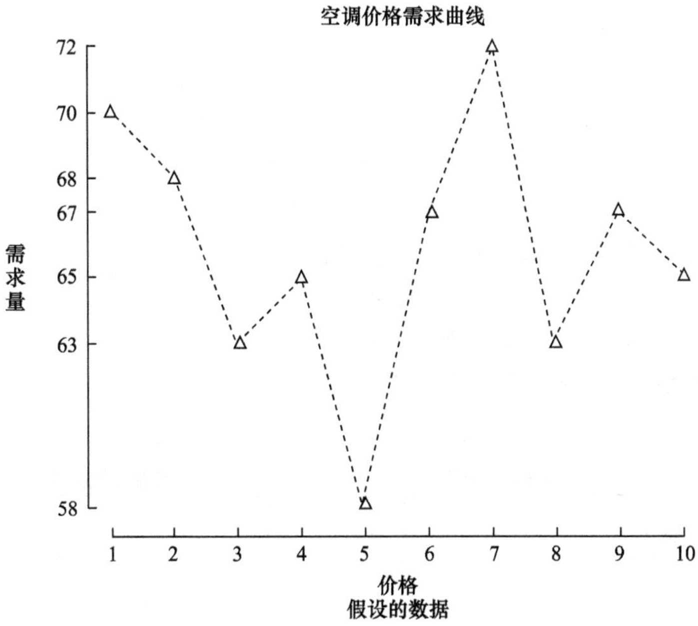

图 8.14　修改参数后的电脑价格需求曲线

8.2.5　一幅图多个图表

在 R 中使用函数 par（）或 layout（）可以组合多幅图形为一幅总括图形，下面分别举例说明。

（1）par（）。在 par（）函数中使用图形参数 mfrow = c（a，b）来创建按行填充的、行数为 a 列数为 b 的图形矩阵。另外，可以使用 nfcol = c（a，b）按列填充矩阵。利用数据集 mtcars 进行绘图，将创建 4 幅图形并将其排布在 2 行 2 列中，具体代码如下：

```
>attach (mtcars)                          #加载 mtcars 数据集
>opar< -par ()                            #保存当前设置
>par (mfrow=c (2, 2))                     #设置两行两列的画纸
>plot (hp, mpg, main='马力能耗散点图')
>plot (wt, mpg, main='重量能耗散点图')
>hist (cyl, main='汽缸频数直方图')
>boxplot (wt, main='重量箱线图')
>par (opar)        #恢复原来设置
>detach (mtcars) #释放数据集
```

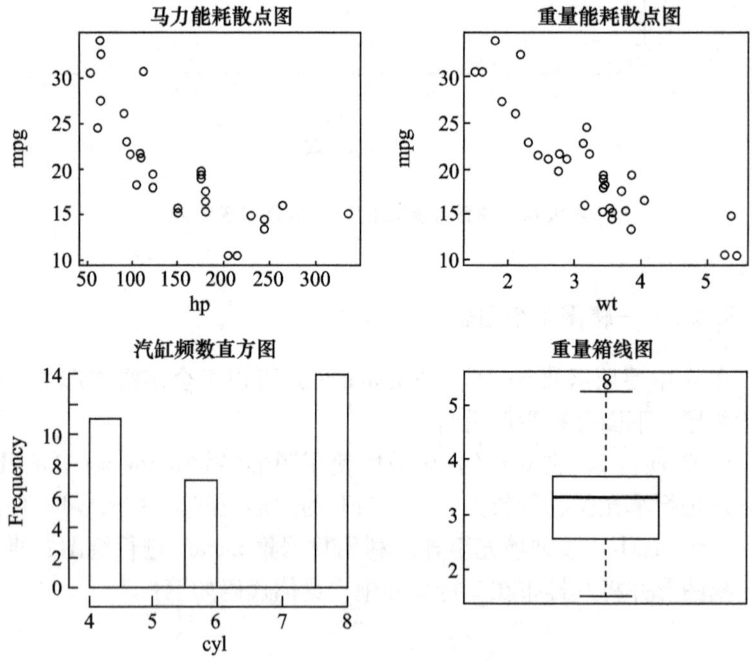

图 8.15 各种常用图形演示

（2）layout（）。函数 layout（）的调用形式为 layout（matrix），

其中的 matrix 是一个矩阵，它指定了所要组合的多个图形的所在位置，下面用数据集 mtcars 进行举例说明。

```
> attach (mtcars)                  #加载 mtcars 数据集
#设置画纸第一行两幅图，第二行放置第三幅图
> layout (matrix (c (1, 2, 3, 3), 2, 2, byrow = T))
> plot (hp, mpg, main = '力能耗散点图')
> plot (wt, mpg, main = '重量能耗散点图')
> hist (cyl, main = '汽缸频数直方图')
> detach (mtcars)                  #释放数据集
```

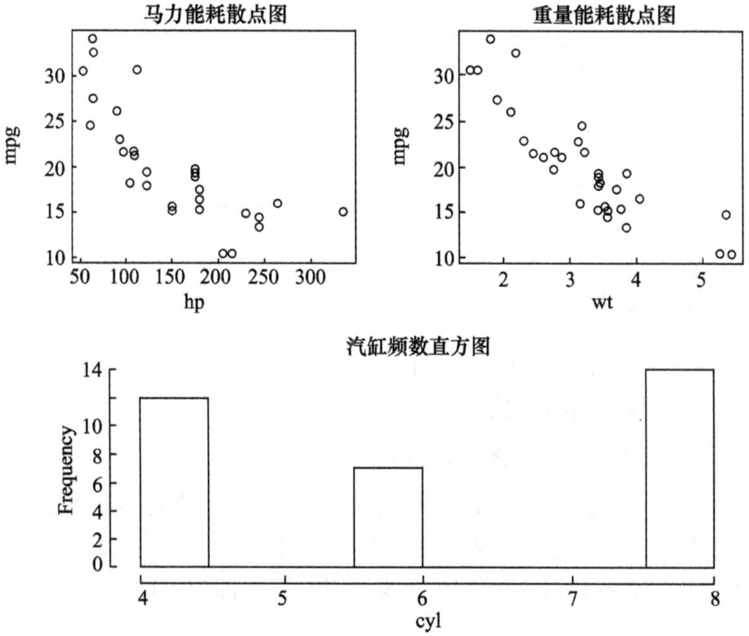

图 8.16　layout 布局演示

layout (matrix (c (1, 2, 3, 3), 2, 2, byrow = T)) 将画纸设定为 2 行 2 列、按行排列的矩阵，第一行两个位置分别放第一幅图和

第二幅图，第二行两个位置放第三幅图。

8.3 高级绘图函数

通过一些高级绘图函数，我们可以创建一个新图形，表 8.4 给出了 R 语言中部分常用的高级绘图函数，本书将分别对表 8.4 的函数进行举例说明。

表 8.4 高级绘图函数

函数	功能
plot（）	通用二维图
pie（）	饼图
boxplot	箱线图
barplot（）	条形图
hist（）	直方图
dotchart（）	散点图

8.3.1 通用二维图

plot（）是最常用 R 绘图函数，是一个泛型函数，是 R 中绘图使用最多的函数，它的函数形式如下：

```
plot（x，y，type =""，参数设定）
```

plot（）函数产生的图形依赖于第一个参数的类型参数，其中 type 是指画图的类型，具体包含表 8.5 中的这些类型，你可以根据自己的需求，绘制 x - y 的图形，默认值为"p"，即散点图。

表 8.5 plot 绘图类型参数

"p" for points,	散点图
"l" for lines,	直线图

续表

" b" for both,	点线图
"c" for the lines part alone of " b",	除去点的点线图
"c" for both 'overplotted',	穿过点的点线图
"h" for 'histogram',	直方图
"s" for stair steps,	阶梯图

8.3.2　饼图

饼图主要用于展示频数分布情况，在商业领域应用广泛。在 R 中饼图的绘制函数为 pie（x，labels）。

其中，x 是一个非负数值向量，表示每个扇形的面积；labels 表示各扇形标签的字符型向量。下面举例说明：

```
>opar< -par（）　#保存当前设置
#设置画纸为两行两列，上下边界 2 英分，左右边界 0 英分
>par（mfrow=c（2，2），mar=c（2，0，2，0））
>numbers< -c（10，12，8，9）　#赋值
>city< -c（'北京','上海','广州','深圳'）　#赋值
>pie（numbers，labels=city，main='简单饼图'）　#绘制饼图
>percent< -round（numbers/sum（numbers）*100）#赋值
>city2< -paste（city,'，percent,'%'）　#赋值
>pie（numbers，labels=city2，col=rainbow（length（city）），
main='简单饼图标上百分比'）　#绘制饼图，修改了标签和颜色
>library（plotrix）　#调用"plotrix"软件包，调用之前要先安装
#绘制三维饼图，其中 explode 为裂开的距离设置
>pie3D（numbers，labels=city，explode=0.1，main='三维饼图'）
```

```
>attach (mtcars)     #加载数据集
>mytable < -table (cyl) #获取"cyl"的频数表并赋值给 mytable
>lab < -paste (names (table (cyl)),'个汽缸')     #设置标签
>pie (mytable, labels = lab, main = '用频数表绘制饼图')
>detach (mtcars)     #释放数据集
>par (opar)     #恢复原来的设置
```

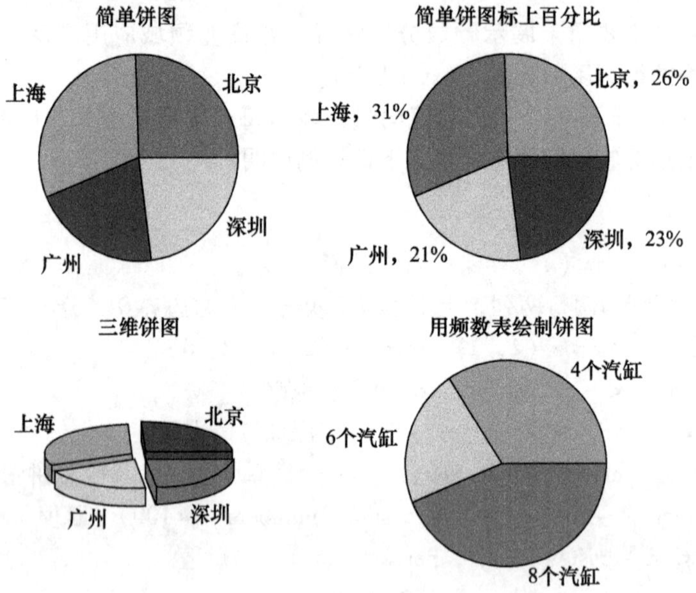

图 8.17　各种饼图

图 8.17 展示了饼图的一些设定，有二维的也有三维的。其中，前三幅图形是假设的数据绘制而成，第四幅图形使用数据集 mtcars 的数据绘制的。

第一幅饼图，利用样本数据绘制了简单的饼图。第二幅饼图，将样本数转换为比例值，并将这项信息添加到了各扇形的标签上，并使

用了前面绘图参数颜色中提到的 rainbow（）函数定义了各扇形的颜色。这里的 rainbow（length（city））将被解析为 rainbow（4），即为图形提供了四种颜色。第三幅饼图，使用 plotrix 包中的 pie3D（）函数创建的三维饼图。第四幅饼图，利用 mtcars 数据集中的 cyl（汽缸数指标），先获取了它的频数表，然后利用频数表创建饼图，展示了 mtcars 数据集中的汽缸数（4 个、6 个、8 个），并将此信息附加到了标签上，其中 8 个汽缸的车所占比例最大，其次是 4 个气缸，最少的是 6 个汽缸。

8.3.3 箱线图

箱线图（Boxplot）也称箱须图（Box – whisker Plot），是利用数据中的五个统计量：最小值、第一四分位数（第 25% 位数）、中位数（第 50% 位数）、第三四分位数（第 75% 位数）与最大值来描述数据的一种方法，它也可以粗略地看出数据是否具有对称性，分布的分散程度等信息。箱线图能够显示出可能为离群点（范围 ±1.5 * IQR 以外的值，IQR 表示四分位距，即上四分位数与下四分位数的差值）的观测值，可用于几个样本的比较。箱线图函数可表示为 boxplot（x, labels），具体看下面的代码：

```
> attach (mtcars)
> quantile (mpg)     #计算样本常用分位数
    0%        25%       50%       75%      100%
10.400     15.425    19.200    22.800    33.900
> boxplot (mpg, main = " 箱线图", ylab = 'mpg')
```

通过 quantile（）函数，计算出在我们的车型样本中，每加仑汽油行驶英里数的中位数是 19.2，50% 的值都落在了 15.425 ~ 22.8，最小值为 10.4，最大值为 33.9，也可以执行 boxplot. stats（mpg），输出用于构建箱线图的统计量。从生成的箱线图可以看出五点的位置，也可以大致看出频数分布情况。箱子越小，说明中间分布越集中；反之则离散程度较高。默认情况下，两条须的延伸极限不会超过盒型各端加 1.5 倍四分位距的范围。此范围以外的值将以“点”来表示，

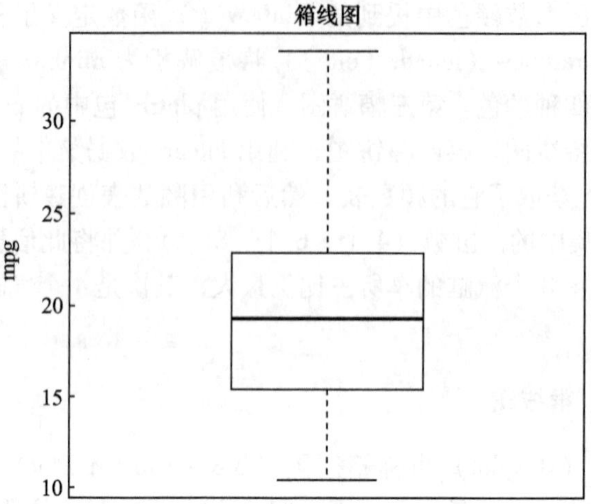

图 8.18 mtcars 数据集的箱线

在上例样本中没有异常值。上面的须长大于下面的须长，说明分布存在右偏。

针对箱线图的对比样本的效果，使用并列箱线图进行跨组比较，函数表示为：

```
boxplot (formula, data = dataframe)
```

其中，formula 是一个公式，dataframe 代表提供数据的数据框（或列表）。一个示例公式为 y ~ A，这将为变量 A 的每个值并列地生成数值型变量 y 的箱线图。公式 y ~ A * B 则将为变量 A 和 B 所有水平的两两组合生成数值型变量 y 的箱线图。添加参数 varwidth = TRUE，将使箱线图的宽度与其样本大小的平方根成正比，参数 horizontal = TRUE 可以反转坐标轴的方向。

（1）单个因子的箱线图。我们使用并列箱线图重新研究了 4 个汽缸、6 个汽缸、8 个汽缸发动机对每加仑汽油行驶的英里数的影响，类似做了分类汇总，分别绘制描述不同汽缸汽车的 mpg 分布箱线图，结果如图 8.19 所示，代码如下：

```
>boxplot (mpg ~ cyl, data = mtcars, main = " 汽车里程数据",
col = c (5, 6, 7), xlab = " cyl", ylab = " mpg")    #按照 cyl 对
mpg 进行分类绘制箱线图
```

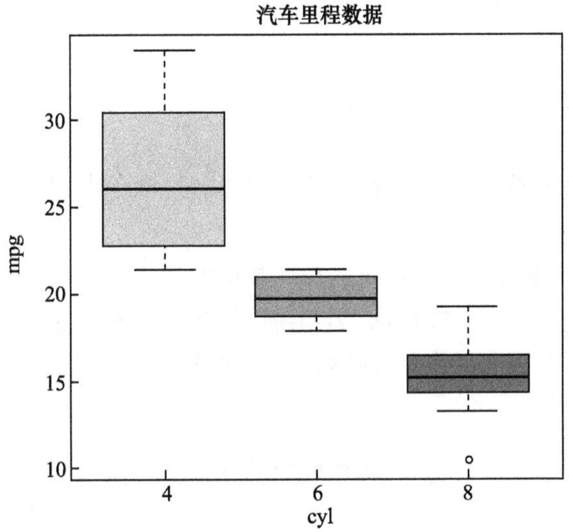

图 8.19　多样本箱线图

在图 8.19 中可以看到不同组间油耗的区别非常明显，汽缸越多，耗油量越大。同时也可以发现，6 个汽缸车型的每加仑汽油行驶的英里数分布较其他两类车型更为均匀。与其他两个汽缸车型相比，4 个汽缸车型的每加仑汽油行驶的英里数散布最广且存在正偏，8 个汽缸组还有一个离群点。

（2）两个交叉因子的箱线图。现在考虑不同汽缸数和不同变速箱类型的车型，两种因子交叉影响下的箱线图，具体代码演示如下：

```
#按照类别型变量 cyl 和 am 所有水平的两两组合生成数值型变量
mpg 的箱线图，并使箱线图的宽度与其样本大小的平方根成正比
> cyl. f < - factor ( cyl, levels = c (4, 6, 8), labels = c
(" 4"," 6"," 8"))  #定义因子 cyl. f
> am. f < - factor (am, levels = c (0, 1), labels = c (" 自动
挡"," 手动挡"))   #定义因子 am. f
#绘制双因子箱线
> boxplot (mpg ~ am. f * cyl. f, data = mtcars, varwidth = T, col = c
(5, 6),
main = " mpg 按照汽车类型分布", xlab = " 汽车类型")
```

图 8.20 绘制了每加仑汽油行驶英里数按照汽车类型分布的箱线图。同样，这里使用参数 col 为箱线图进行了着色，请注意颜色的循环使用。在本例中，共有六幅箱线图和两种指定的颜色，所以颜色将重复使用三次。

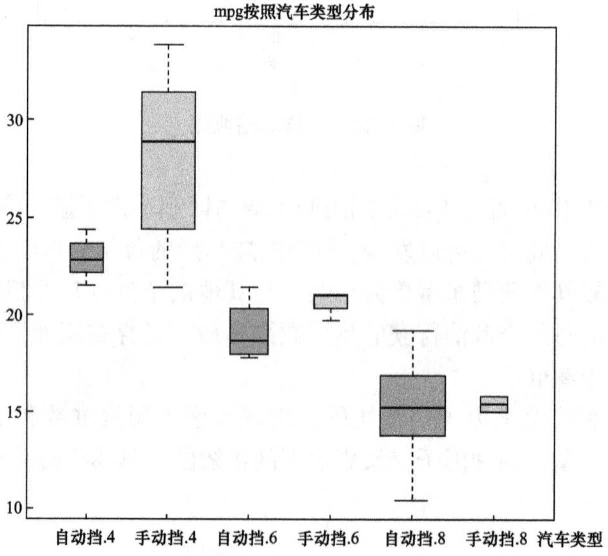

图 8.20 两个交叉因子的箱线图

图 8.20 清晰地显示出油耗随着缸数的增多而变大。对于 4 个汽缸和 6 个汽缸车型，标准变速箱（手动挡）的油耗更高。但是对于 8 个汽缸车型，油耗似乎没有差别。你也可以从箱线图的宽度看出，4 个汽缸标准变速箱的车型和 8 个汽缸自动变速箱的车型在数据集中最常见。

8.3.4 条形图

条形图通过垂直的或水平的条形展示了类别型变量的分布（频数），函数表示为 barplot（x）。

其中，x 是一个向量或一个矩阵。①若 x 是一个向量，则它的值就确定了各条形的高度，并将绘制一幅垂直的条形图。②如果 x 是一个矩阵而不是一个向量，则绘图结果将是一幅堆砌条形图或分组条形图。若 beside = FALSE（默认值），则矩阵中的每一列都将生成图中的一个条形，各列中的值将给出堆砌的"子条"的高度。若 beside = TRUE，则矩阵中的每一列都表示一个分组，各列中的值将并列而不是堆砌。

另外，使用选项 horiz = TRUE 则会生成一幅水平条形图。同时，也可以添加标注选项，其中 main 选项可添加一个图形标题，而 xlab 和 ylab 选项则会分别添加 x 轴和 y 轴标签，具体参考下面的例子：

（1）x 是一个向量。

```
> attach (mtcars)
#绘制简单条形图（见图 8.21）
> gear. c < - table (gear)
> barplot (gear. c, main = " Car Distribution", col = c (5, 6, 7)
xlab = " Numberof Gears")
#水平放置，设置标签（见图 8.20）
> barplot (gear. c, main = " Car Distribution", horiz = T,
names. arg = c (" 3 Gears", " 4 Gears", " 5 Gears"),
col = c (5, 6, 7))
```

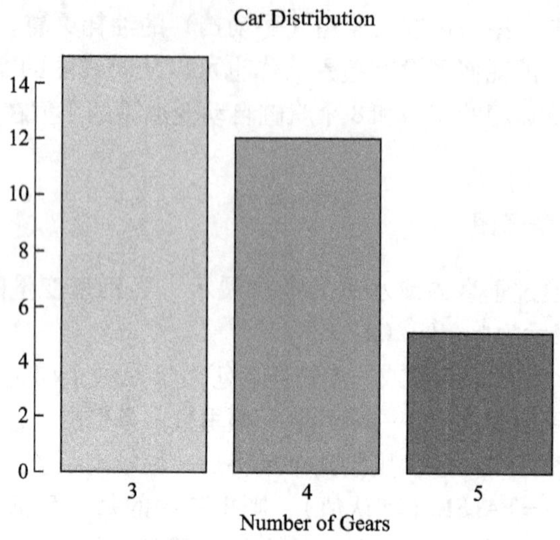

图 8.21　向量条形图纵向演示

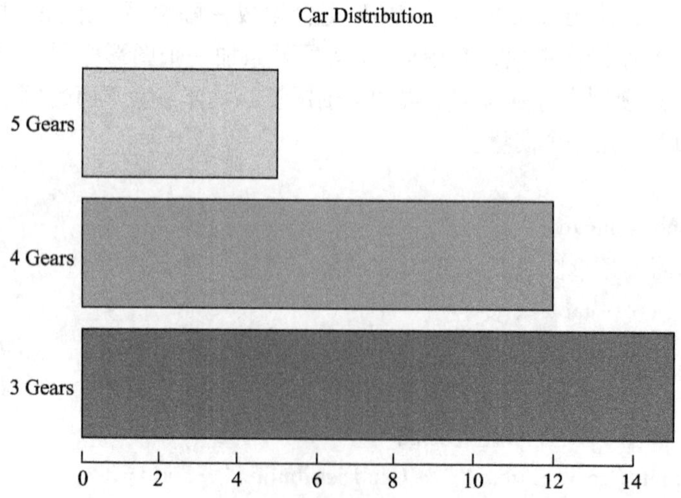

图 8.22　向量条形图横向演示

（2）x是一个矩阵。

```
#堆积条形图，设置填充颜色和图例（见图8.23）
>vg.c< -table（vs，gear）
>barplot（vg.c，main =" Car Distribution by Gears and VS",
        xlab =" Number of Gears", col =c（" darkblue"," red"）,
        legend =rownames（vg.c））
#分组条形图（见图8.24）
>barplot（vg.c，main =" Car Distribution by Gears and VS（2）",
        xlab =" Number of Gears", col =c（" darkblue"," red"）,
        legend =rownames（counts）, beside =T）
>detach（mtcars）
```

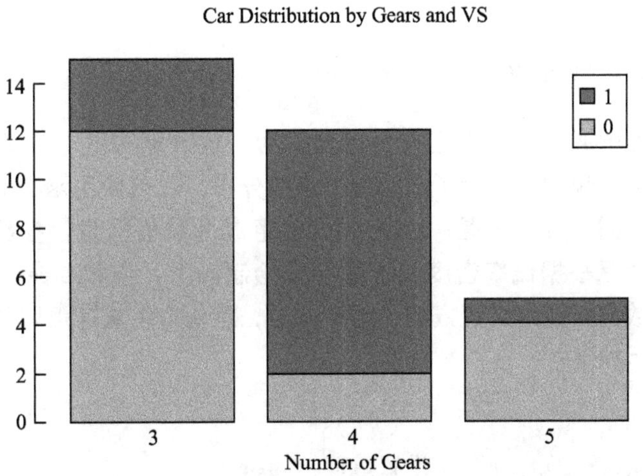

图8.23　堆积条形图

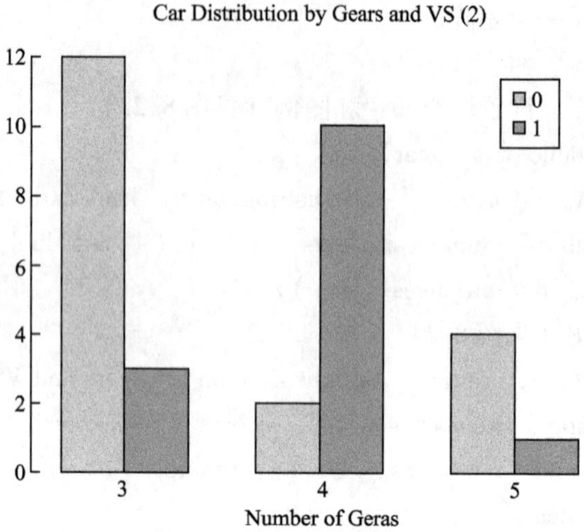

图 8.24　分组条形图

8.3.5　直方图

直方图通过在 X 轴上将值域分割为一定数量的组，在 Y 轴上显示相应值的频数，展示了连续型变量的分布，可以使用函数 hist（x）创建直方图，其中 x 是一个由数据值组成的数值向量。参数 freq = FALSE 表示根据概率密度而不是频数绘制图形，参数 breaks 用于控制组的数量。在定义直方图中的单元时，默认将生成等距切分，具体代码演示如下：

```
>rm（list = ls（））
>opar = par（）    #默认设置赋值给 opar
>attach（mtcars）    #加载数据集 mtcars
>par（mfrow = c（2，2））    #设置为四幅图的画纸
#绘制第一幅：mpg 直方图，其他为默认设置
>hist（mpg）
#绘制第二幅：有 12 组的红色 mpg 直方图
```

```
> hist (mpg, breaks = 12, col = " red", xlab = " mpg",
       main = " Colored histogram with 12 bins")
#绘制第三幅：按照概率密度绘制的直方图，添加蓝色概率密度
曲线
> hist (mpg, freq = F, breaks = 12, col = " red", xlab = " mpg",
       main = " Histogram, density curve")
> lines (density (mpg), col = " blue", lwd = 2)
#绘制第四幅：直方图加上拟合的正态曲线和边框
> x < - mpg
> h < - hist (x, breaks = 12, col = " red", xlab = " mpg",
              main = " Histogram with normal curve and box")
> xfit < - seq (min (x), max (x), length = 40)
> yfit < - dnorm (xfit, mean = mean (x), sd = sd (x))
> yfit < - yfit * diff (h $ mids [1: 2]) * length (x)
> lines (xfit, yfit, col = " blue", lwd = 2)
> box ()
> par (opar)    #恢复默认设置
> detach (mtcars)    #释放数据集 mtcars
```

图 8.25 中，第一幅直方图，展示了未指定任何选项时的默认图形，自动生成了五个组，并且显示了默认的标题和坐标轴标签。第二幅直方图，我们将组数指定为 12，使用红色填充条形，并添加了更吸引人、更具信息量的标签和标题。第三幅直方图，保留了上一幅图中的颜色、组数、标签和标题设置，添加了一条密度曲线，它为数据的分布提供了一种更加平滑的描述。第四幅直方图，在第二幅直方图的基础上，加入了一条正态曲线。

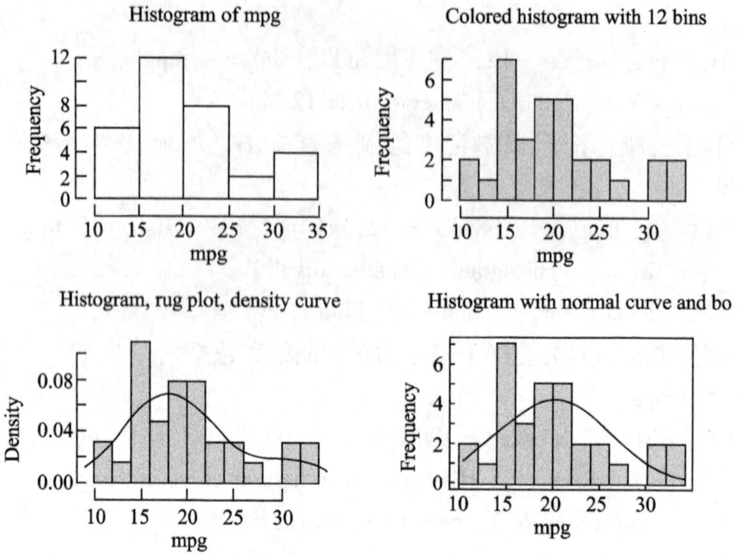

图 8.25 直方图相关演示

8.3.6 核密度图

核密度估计（Kernel Density Estimation）是在概率论中用来估计未知的密度函数，属于非参数检验方法之一。核密度估计方法不利用有关数据分布的先验知识，对数据分布不附加任何假定，是一种从数据样本本身出发研究数据分布特征的方法。核密度图是一种用来观察连续型变量分布的有效方法，绘制密度图的 y 语法为：plot（density（x））。

其中，x 是一个数值型向量。由于 plot（）函数会创建一幅新的图形，所以要向一幅已经存在的图形上叠加一条密度曲线，可以使用 lines（）函数（如上一小节直方图绘制中所示）。具体见下面的代码演示：

```
>par (mfrow=c (2, 1))
>mpg.d<-density (mpg)
>plot (mpg.d)    #第一幅，核密度图
>plot (mpg.d, main = " mpg核密度图")    #第二幅，着色的核
密度图
>polygon (mpg.d, col = " red", border = " blue")
>par (opar)    #恢复默认设置
>detach (mtcars)
```

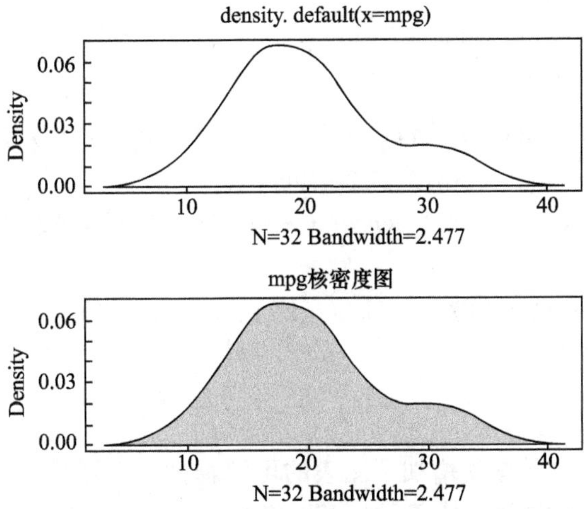

图 8.26　核密度分布图

在第一幅图中，使用默认设置创建的最简图形。在第二幅图中，添加了一个标题，将曲线修改为蓝色，使用实心红色填充了曲线下方的区域，并添加了棕色的轴须图。polygon（）函数根据顶点的 x 和 y 坐标（本例中由 density（）函数提供）绘制了多边形。

核密度图可用于比较组间差异。可能是由于普遍缺乏方便好用的软件，这种方法其实没有被充分利用。幸运的是，sm 包填补了这一

缺口，其中的 sm. density. compare（ ）函数可向图形叠加两组或更多的核密度图，其语法格式为 sm. density. compare（x，factor）。

其中，x 是一个数值型向量，factor 是一个分组变量。利用 mtcars 数据集进行例举，比较分别拥有 4 个、6 个或 8 个汽缸车型的每加仑汽油行驶英里数，代码演示如下：

```
>library（sm）
>attach（mtcars）
>cyl. f< -factor（cyl, levels = c（4, 6, 8）, labels = c（" 4 cyl-
inder", " 6 cylinder",
                  " 8 cylinder"））    #定义分类因子
#绘制核密度图
>sm. density. compare（mpg, cyl, xlab = " Miles Per Gallon"）
>title（main = " 不同汽缸数的 mpg"）
>colfill< -c（2:（2 + length（levels（cyl. f））））#设定填充颜色
#添加图例
>legend（locator（1）, levels（cyl. f）, fill = colfill）
>detach（mtcars）
```

图 8. 26 中的图例增加了图表的可解释性。上述代码，首先创建的是一种颜色向量，这里的 colfill 值为 c（2，3，4），然后，通过 legend（）函数向图形上添加一个图例。第一个参数值 locator（1）表示用鼠标单击想让图例出现的位置来交互式的放置这个图例；第二个参数值则是由标签组成的字符向量；第三个参数值使用向量 colfill 为 cyl. f 的每一个水平指定了一种颜色。

如图 8. 26 所示，核密度图的叠加不失为一种在某个结果变量上跨组比较观测的强大方法，可以看到不同组所含值的分布形状以及不同组之间不同的重叠程度。

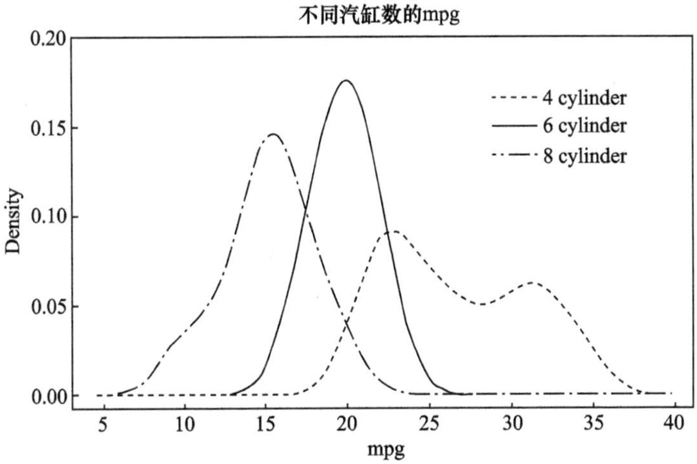

图 8.27　各汽缸数的核密度曲线

8.4　低级绘图函数

低级绘图函数指在高级绘图函数绘制出的图上添加点、直线、线段、箭头、网格线等，使图更加丰满，表 8.6 给出了部分常用的低级绘图函数。

表 8.6　低级绘图函数表

函数名称	函数描述
points	在当前绘图区增加点
lines	在当前绘图区增加连接线
abline（a，b）	在当前绘图区增加一个斜率为 b，截距为 a 的直线
abline（h = y）	h = y 可用于指定贯穿整个图的水平线高度的 y – 坐标
abline（v = x）	v = x 类似地用于指定垂直线的 x – 坐标

续表

函数名称	函数描述
abline（lm：obj）	lm：obj 可能是一个有长度为 2 的 coefficients 分量（如模型拟合的结果）的列表。该分量中依次含有截距和斜率
segments	绘制点对之间的线段
arrows	绘制点对之间的箭头
grid	在当前绘图区增加网格线

这里只进行简单的例举，不再进行太多的赘述。可运行下面的代码：

```
plot（-4：4，-4：4，type =" p"，col =" blue"）  #基本实现
points（x=c（3，-2，-1，3，2），y=c（1，2，-2，2，3），
col =" red"）#绘制点、连接点
lines（x=c（3，-2，-1，3，2），y=c（1，2，-2，2，3），col
=" black"）  #绘制直线
abline（h =0）；abline（v =0）
abline（a =1，b =1）
abline（lm（mtcars $ mpg ~ mtcars $ qsec），col =" red"）
segments（x0 =2，y0 = -4.5，x1 =4，y1 = -2，col =" red"，lty
=" dotted"）  #绘制线段
arrows（x0 = -4，y0 =4，x1 = -2，y1 =0，length =0.15，angle =
30，code =3）
grid（nx =3，ny =5，col =" lightgray"，lty =" dotted"）  #绘制
网格线
```

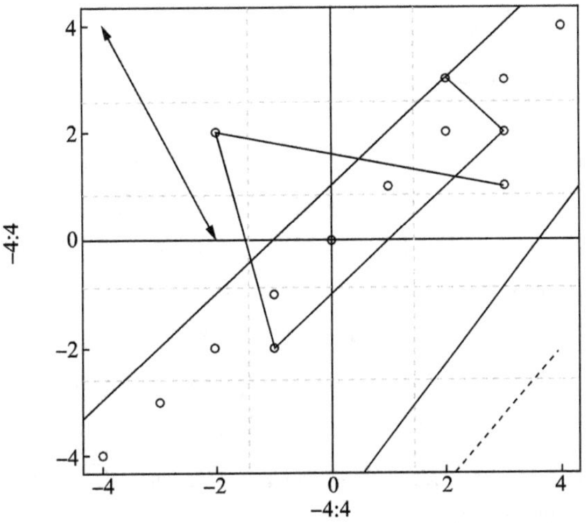

图 8.28　低级函数绘图演示

8.5　ggplot2

8.5.1　ggplot2 简介

ggplot2 是用于绘图的 R 语言扩展包，其理念根植于《Grammar of Graphics》一书。它将绘图视为一种映射，即从数学空间映射到图形元素空间。例如将不同数值映射到不同的色彩或透明度。该绘图包的特点在于并不去定义具体的图形，而是定义各种底层组件（如线条、方块）来合成复杂的图形，这使它能以非常简洁的函数构建图形，而且默认条件下的绘图品质就能到达出版要求。

ggplot2 和 lattice 都属于高级的格点绘图包，从各自特点上看，lattice 入门比较容易，作图速度比较快，种类也比较多，如它能进行三维绘图，而 ggplot2 就不能。ggplot2 需要一段时间学习，才能体会到它的简洁和优雅，而且 ggplot2 可以通过底层组件构造前所未有的图形，你所受到的限制只是你的想象力。

8.5.2 几个基本概念

图层（Layer）：一个图层好比是一张玻璃纸，包含有各种图形元素，你可以分别建立图层然后叠放在一起，组合成图形的最终效果。图层可以允许用户一步步的构建图形，方便单独对图层进行修改、增加统计量，甚至改动数据。

标度（Scale）：标度是一种函数，它控制了数学空间到图形元素空间的映射。例如用颜色、大小等来表示不同的取值。

坐标系统（Coordinate）：坐标系统控制了图形的坐标轴并影响所有图形元素，最常用的是直角坐标轴，坐标轴也可以进行变换以满足不同的需要，如对数坐标。

分面（Facet）：描述如何将数据集分为各个子集，并将各个子集联合进行展示。

下面用 ggplot2 包内带的汽车测试数据（mpg）来举个例子，用到的三个变量分别是发动机容量（displ）、高速公路上的每加仑行驶里数（hwy）、汽缸数目（cyl）。首先加载 ggplot2 包，然后用 ggplot 定义第一层即数据来源。其中 aes 参数非常关键，它将 displ 映射到 X 轴，将 hwy 映射到 Y 轴，将 cyl 变为分类数据后映射为不同的颜色。然后使用“+”添加两个新的图层，第二层是加上了散点，第三层是加上了 loess 平滑曲线。如图 8.29 所示。

```
>install.packages("ggplot2")
>library(ggplot2)
>p <- ggplot(data = mpg, aes(x = displ, y = hwy, colour = factor(cyl)))
>p + geom_point() + geom_smooth()
```

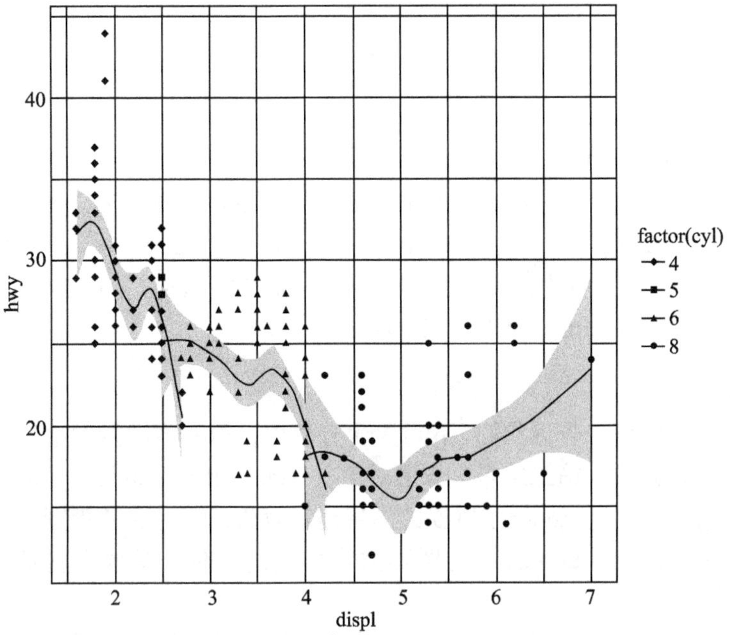

图 8.29　ggplot2 直方图

8.5.3　图层控制与直方图

ggplot2 使用图层将各种图形元素逐步添加组合，从而形成最终结果。第一层必须是原始数据层，其中 data 参数控制数据来源，注意数据形式只能是数据框格式。aes 参数控制了对哪些变量进行图形映射以及映射方式，aes 是 Aesthetic 的缩写。

下面我们来绘制一个直方图作为示例。数据集仍采取 mpg，对 hwy 变量绘制直方图。首先加载了扩展包，然后用 ggplot 函数建立了第一层，hwy 数据映射到 X 轴上；使用 “ + ” 增加了第二层，即直方图对象层。此时 p 被视为一种层对象，使用 summary 函数可得到关于它的更多信息，print（p）命令即可进行绘图。

```
>p < -ggplot (data = mpg, aes (x = hwy))
>p < -p + geom_ histogram ()
>summary (p)
data: manufacturer, model, displ, year, cyl, trans, drv, cty, hwy, fl,
class [234x11] mapping: x = hwy faceting: facet_ grid (. ~ . , FALSE)
-------------------- geom_ histogram: stat_ bin: posi-
tion_ stack: (width = NULL, height = NULL)
```

上面的信息告诉我们，p 对象含有两层，第一层数据层描述了变量和映射方式，第二层是直方图对象（Geom_ histogram），geom 表示几何对象，它是 ggplot 中重要的图层控制对象，因为它负责图形渲染的类型。geom_ histogram 是图形渲染类型的一种，其他类型可参见官网。

每个 geom 对象都需要有数据输入，数据可以从第一层中自动读取，也可以在 aes 参数中直接设置。而且每个 geom 还默认搭配某种统计变换（Stat），geom_ histogram 的默认统计变换是 stat_ bin。它负责对数据进行分组计数。

下面我们尝试两种更为复杂的直方图，首先将数据按照 year 这个变量划分为两组，用不同的颜色绘制直方图，而且用频率而非计数来刻画 Y 轴，并添加密度曲线。如图 8.30 所示。

```
>p < -ggplot (mpg, aes (hwy))
>p + geom_ histogram (position = 'identity', alpha = 0.5, aes (y
= …density…,
+fill = factor (year))) + stat_ density (geom = 'line', position = 'i-
dentity', + aes (colour = factor (year)))
```

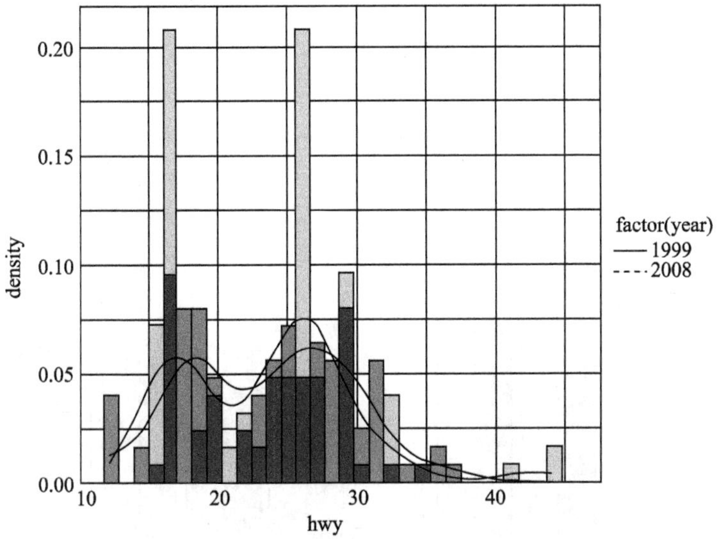

图 8.30　用不同的颜色绘制直方图

8.5.4　位置调整与条形图

位置调整（Position Adjustments）是针对同一图层内元素的位置进行微调的方法。它包括五种设置，分别是 stack、dodge、fill、identity、jitter。

我们用条形图来展示其用法，仍使用 mpg 数据集，其中用到的变量是 class，即生产汽车的类型以及 year（生产年份）。下面的条形图是将各类型的汽车数量进行汇集，并以年份作为分组变量。我们首先载入扩展包，然后用频数表对数据进行大致的了解，最后绘制了四种条形图。如图 8.31 所示。

```
>p < -ggplot (data = mpg, aes (x = class, fill = factor (year)))
>p + geom_ bar (position = 'dodge')
>p + geom_ bar (position = 'stack')
>p + geom_ bar (position = 'fill')
>p + geom_ bar (position = 'identity', alpha = 0. 3)
```

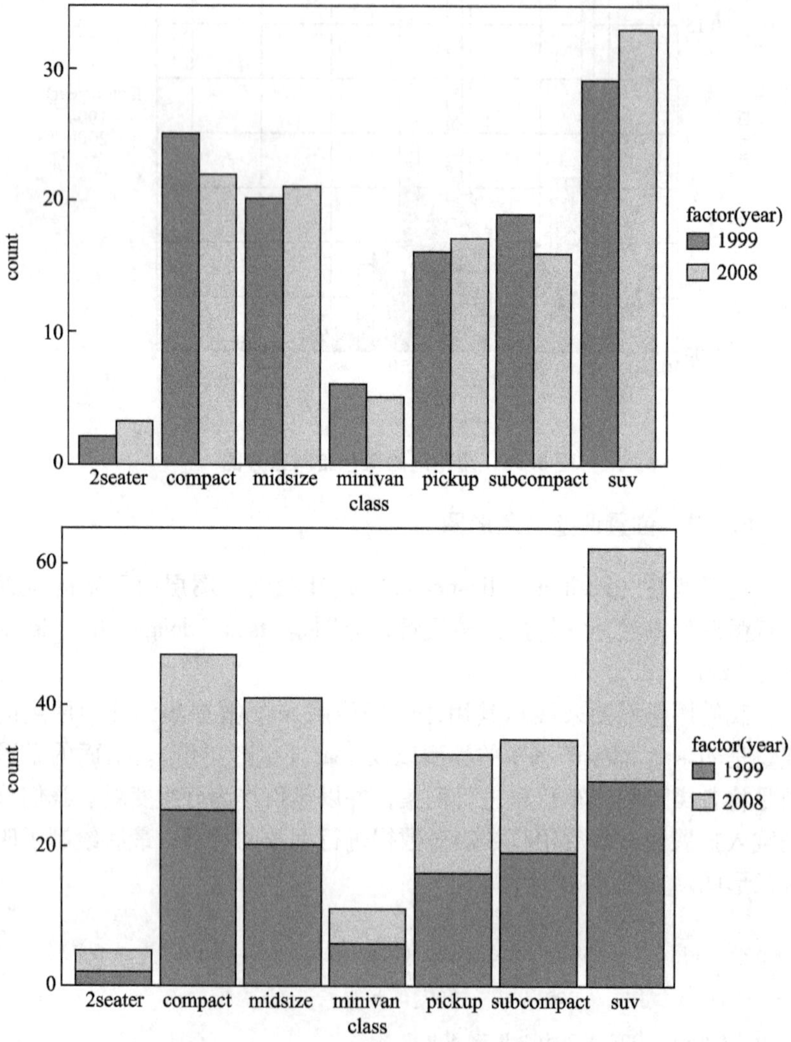

图 8.31　位置调整与条形图

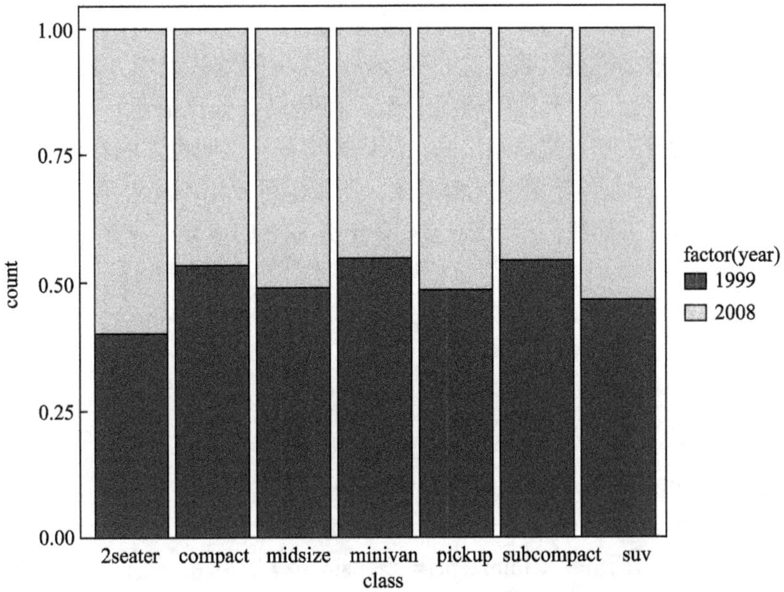

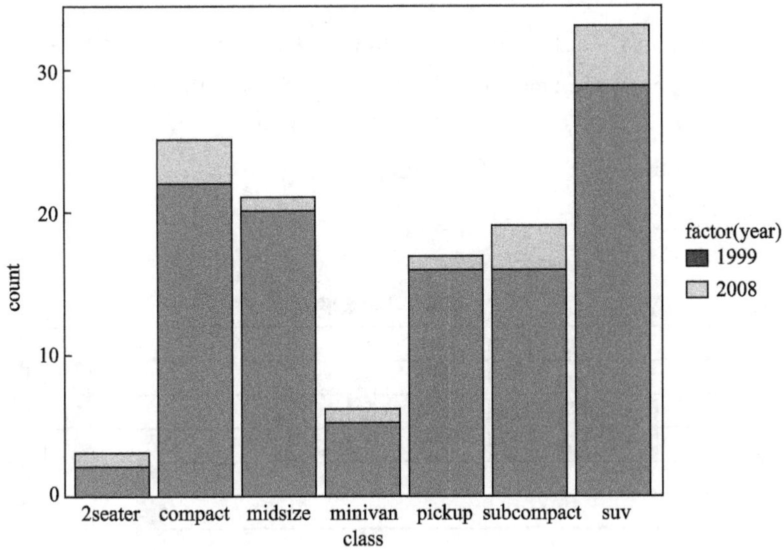

图 8.31 位置调整与条形图（续）

可以看到 dodge 方式是将不同年份的数据并列放置；stack 方式是将不同年份数据推叠放置，这也是 geom_ bar 的默认处理方式；fill 方式和 stack 类似，但 Y 轴不再是计数，而是以百分比显示；identity 方式是不做任何改变直接显示出来，所以需要设置透明度才能看得清楚。

geom_ bar 是绘制条状几何对象，所以也可以用不经汇集的原始数据进行绘图。下面我们用 2001 ~2010 年美国的 GDP 增长率举个例子。

```
>y = c (1.1, 1.8, 2.5, 3.6, 3.1, 2.7, 1.9, -0.1, -3.5,
3.0)
>x =2001: 2010
>data = data. frame (x, y)
>p = ggplot (data, aes (x, y, fill = y))
>p + geom_ bar (stat ="identity") +
+   geom _ abline (intercept = 0, slope =, size = 1, colour ='
gray') +
+  geom_ text (aes (label = y), hjust =0.5, vjust = -0.5) +
+  scale_ y_ continuous (limits = c (-3.8, 4.2)) +
+  labs (x ='年份', y ='GDP 增长率%') +
+  opts (title =" 美国 GDP 增长率")
增长率")
```

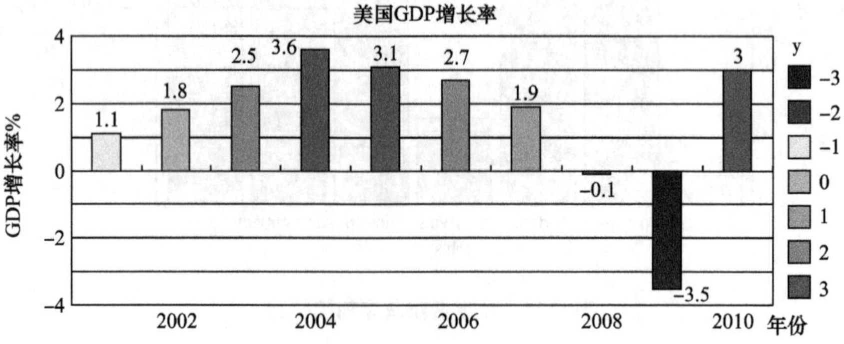

8.5.5 散点图

（1）色彩和形状的控制。数据特征不仅可以用坐标来表示，也可以用不同的色彩或形状来表示。仍以 mpg 数据集为例，所用到的变量有 cty（城市中行驶距离）、hwy（高速路行驶距离）、displ（排量大小）、year（生产年份）。如图 8.32 所示。

```
>p < -ggplot (mpg, aes (cty, hwy))
>p1 < -p + eom_ point (aes (colour = factor (year), shape = factor (year), size = displ), alpha = 0.6, position ='jitter')
>print (p1)
```

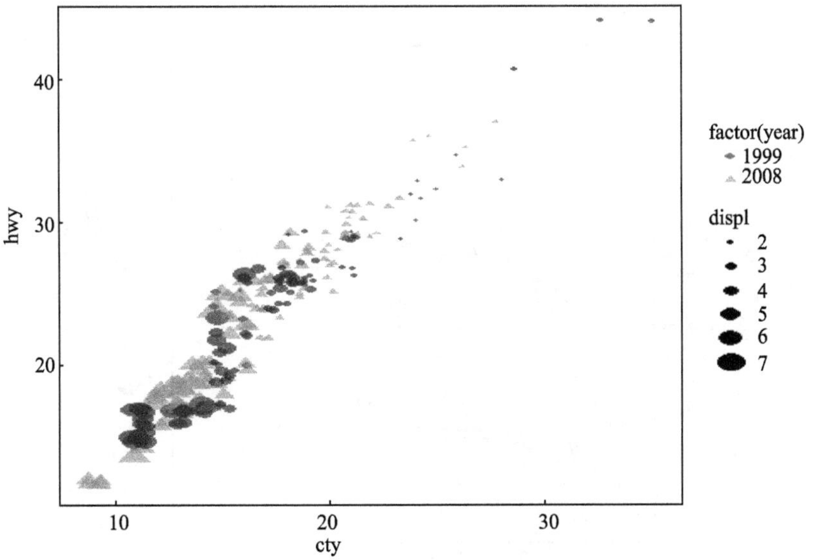

图 8.32 散点图

我们将 1999 年生产车型用红色圆形表示，2008 年用蓝色三角形表示，排量用图形的大小表示，并且设置了透明度和 jitter 以避免样本点之间的重叠。可观察到 2008 年生产的大排量车型较多，从而油耗较高，单位油耗行驶距离较短。

（2）坐标的控制。图 8.32 右上角数据点较为稀疏，这种情况下可用对数变换。为了演示 ggplot2 对图形坐标的控制，我们对 X 轴和 Y 轴均进行对数变换，然后对 X 轴的坐标显示加以限制，只显示 X 轴数据的均值以及一倍标准差的坐标。如图 8.32 所示。

```
>cty. mean = with（mpg，mean（cty））
>cty. sd = with（mpg，sd（cty））
>p1 + scale_ x_ continuous（trans = 'log',
+ breaks = c（cty. mean - cty. sd，cty. mean，cty. mean + cty. sd），labels = c（" high"，" mean"，" low"））+ scale_ y_ continuous（trans = 'log'）
```

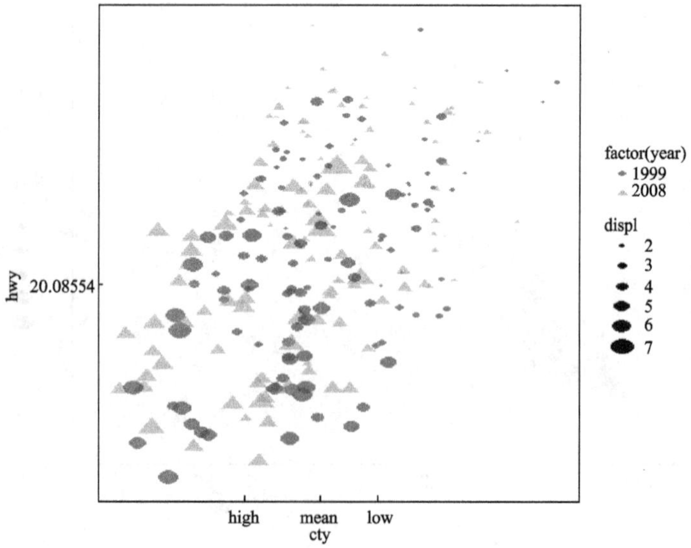

图 8.33　坐标的控制

（3）文字说明。利用 geom_ text 函数可添加文字说明以增强图形的可读性。如图 8. 34 所示。

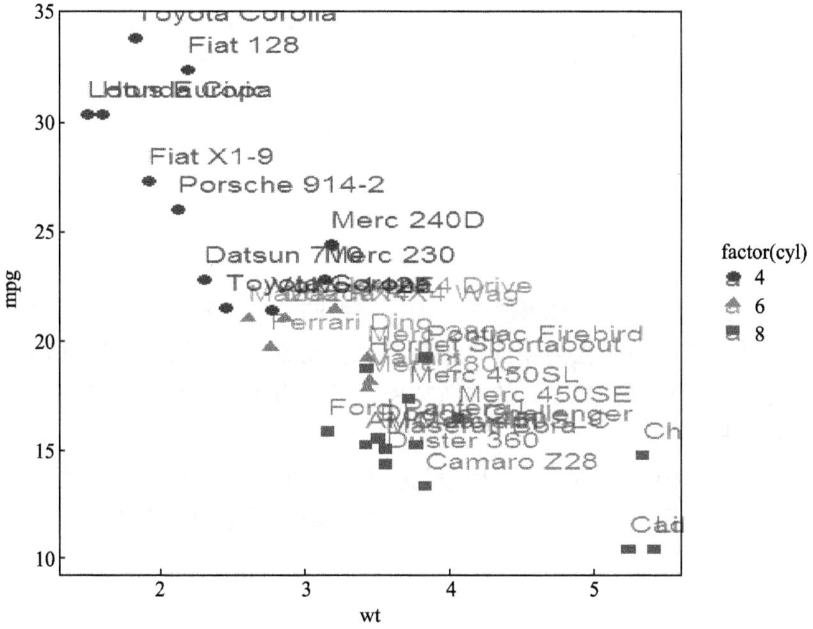

图 8. 34　文字说明

第9章　财经大数据相关回归分析

回归分析是对客观事物数量依存关系的分析，是统计中常用的方法，被广泛应用于社会经济现象变量之间的影响因素和关联的研究。根据自变量和因变量之间的关系类型，可分为线性回归分析和非线性回归分析。

常见的因果关系，股票回报与企业盈利能力和偿债能力相关。与企业的信用风险也相关，也可能与一些解释不清楚的因素相关。

9.1　回归模型基本原理

回归分析（Regression Analysis）是研究一个变量关于另一个（些）变量的具体依赖关系的计算方法和理论。通常前一个变量被称为被解释变量（Explained Variable）或因变量（Dependent Variable）或响应变量（Response），后一个（些）变量被称为解释变量（Explanatory Variable）或自变量（Independent Variable）或协变量（Covariate）。因变量往往又更加形象地称为输出变量（Output variable），自变量称为输入变量（Input variable）。

9.2 普通最小二乘估计（OLS）

高斯—马尔可夫定理（Gauss – Markov Theorem）：在给定经典线性回归的假定下，最小二乘估计（Ordinary Least Square，OLS）量是具有最小方差的线性无偏估计量（Best Linear Unbiased Estimator，BLUE）。

R 里 OLS 的估计可用 lm（）函数。

9.3 极大似然估计（MLE）

极大似然估计（Maximum Likelihood Estimation，MLE）的基本原理是，当从模型总体随机抽取 n 组样本观测值后，最合理的参数估计量应该使得从模型中抽取该 n 组样本观测值的概率最大。

R 里求最大似然估计（MLE）可以使用 maxLik 包里的 maxLik（）函数。

9.4 线性回归模型应用分析

回归模型是针对统计关系进行回归分析的一种数学模型，只含有一个回归变量的回归模型称为一元回归模型，否则，称为多元回归模型。在 R 中进行线性拟合时，我们常常用到下面一些函数，进行模型信息的提取，如表 9.1 所示。

表 9.1 线性回归常用函数与功能

函数	功能
lm（）	R 里 OLS 的估计可用
maxLik（）	R 里求最大似然估计（MLE）可以使用 maxLik 包里的
summary（）	展示拟合模型的详细信息
coefficients（）	获取拟合模型的估计系数
confint（）	提取拟合模型的置信区间，默认为 95%
fitted（）	提取拟合模型的预测值
residuals（）	提取拟合模型的残差
anova（）	拟合模型的方差分析表
vcov（）	模型参数的协方差矩阵
AIC（）	输出 AIC 值
plot（）	绘制拟合模型的诊断图
predict（）	运用拟合的模型进行预测

AIC 信息准则即 Akaike Information Criterion，是衡量统计模型拟合优良性的一种标准，由于它为日本统计学家赤池弘次创立和发展的，因此又称赤池信息量准则。它建立在熵的概念基础上，可以权衡所估计模型的复杂度和此模型拟合数据的优良性。

在一般的情况下，AIC 可以表示为：

$AIC = 2k - 2ln\ (L)$

其中，k 是参数的数量，L 是似然函数。假设条件是模型的误差服从独立正态分布。让 n 为观察数，RSS 为残差平方和，那么 AIC 变为：

$AIC = 2k + nln\ (RSS/n)$

增加自由参数的数目提高了拟合的优良性，AIC 鼓励数据拟合的优良性但是尽量避免出现过度拟合（Overfitting）的情况。所以优先考虑的模型应是 AIC 值最小的那一个。AIC 准则的方法是寻找可以最好地解释数据但包含最少自由参数的模型。

在统计学中，线性回归是利用称为线性回归方程的最小二乘函数对一个或多个自变量和因变量之间关系进行建模的一种回归分析，用来研究变量之间的关系。这种函数是一个或多个称为回归系数的模型参数的线性组合。

回归分析中，只包括一个自变量和一个因变量，且二者的关系可用一条直线近似表示，这种回归分析称为一元线性回归分析。如果回归分析中包括两个或两个以上的自变量，且因变量和自变量之间是线性关系，则称为多元线性回归分析。

简单线性回归模型一般表示如下：

$$\hat{Y} = a + bx \tag{9-1}$$

其中，$\hat{Y}$ 是由自变量 × 推算应变量 Y 的估计值，a、b 为待估系数，b 也称为样本的回归系数。

线性回归有很多实际用途，如果目标是预测，线性回归可以用来对观测数据集 Y 和 x 的值拟合出一个预测模型。当完成这样一个模型以后，对于一个新增的 x 值，在没有给定与它相配对的 Y 的情况下，可以用这个拟合过的模型预测出一个 Y 值。

例如，在财经大数据分析中，我们通常使用收益率波动来探究影响股票收益的因素，最简单的线性回归方程如下：

$$r_t = a + b\sigma_t \tag{9-2}$$

本章样本数据来自 CSMAR 数据库股票市场系列数据的下载。

9.4.1　查询下载指数数据

首先，进入国泰安 CSMAR 数据库，选择股票市场系列。

其次，选择 CSMAR 中国股票市场交易数据库。

最后，选择指数信息，进行数据下载。

9.4.2　导入指数数据

导入的时候要将电子表格的数据另存为 CSV 格式的数据，方便后续计算和分析。若第 2 行、第 3 行有字符型数据，也需要删除。先练习课本附录数据，选取 2005 年 1 月 4 日至 12 月 30 日上证综合指数（000001）的收盘价格指数为研究对象（数据见附录）。

详细命令如下：

先练习课本附录数据，再导入数据库指数的数据。

```
setwd("H:\\课件准备\\R2015li\\excerise")
getwd()
price1 <-read.csv("close1.csv",head=T)
head(price1)
price2 <-read.csv("close2.csv",head=T)
head(price2)
price3 <-read.csv("close3.csv",head=T)
head(price3)
price4 <-read.csv("close4.csv",head=T)
head(price4)
```

9.4.3 合并数据

```
####合并数据
price <-rbind（price1，price2，price3，price4）##按行来合并
head（price）
tail（price）
```

9.4.4 缺失值处理

```
##缺失数据
attach（price）
##是否有缺失值
summary（Clpr）
is.na（price）
###完整样本统计
sum（complete.cases（price））
###删除缺失值
xb <-na.omit（price）###剔除数据的缺失值
detach（）
attach（xb）
head（xb）
tail（xb）
```

9.4.5　探索性统计分析

```
###探索性统计分析
>summary（Clpr）
```

```
Min.  1st Qu.   Median   Mean 3rd Qu.    Max.
1011     1099     1147   1154    1207    1318
```

```
>###去除极端值，求平均值
>mean（xb $ Clpr，trim =0.01）
```

```
[1] 1153.364
```

```
>####简单画图
>attach（xb）
>plot（Date，Clpr）
```

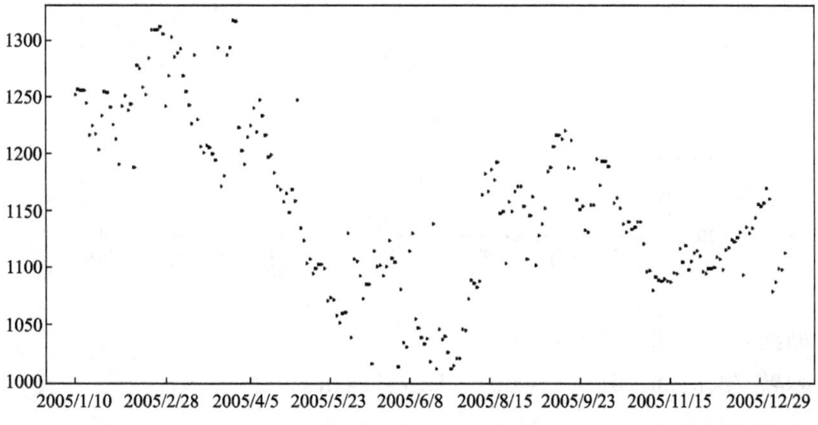

图9.1　收盘价时间序列

```
#####生成年份和日期差值数据
xb $ ym < - as. numeric( substr( as. character( Date) ,1 ,4) )
xb $ stdate < - as. Date( Date)
attach( xb)
head( xb $ ym)
head( xb $ stdate)
head( xb)
tail( xb)
plot( stdate, Clpr)
```

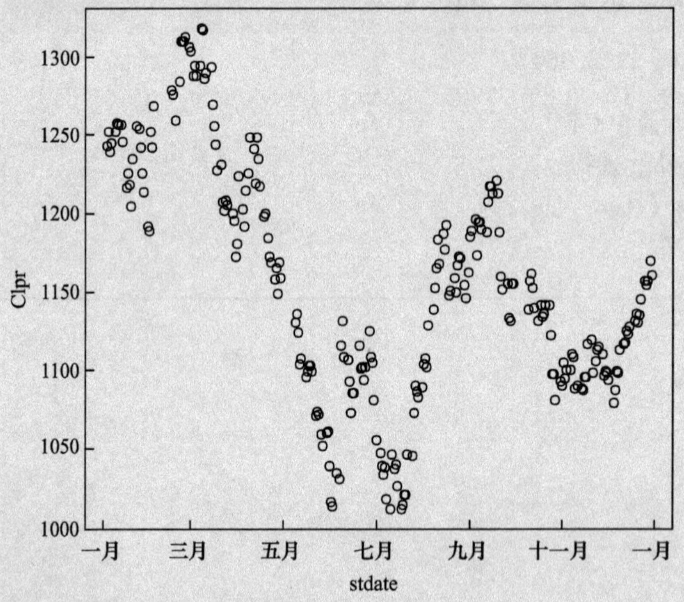


```
####时间序列平稳性分析
####安装时间序列包 install. packages( tseries)
library( tseries)
attach( xb)
library( tseries)
adf. test( Clpr)
returns < - diff( Clpr)
```

```
summary(returns)
adf.test(returns)
acf(returns)
pacf(returns,lag =50)
pacf(returns,lag =30)
write.csv(xb,"fulu2005.csv")
```

9.4.6　导入更新的数据

在实际进行分析时侯，需要更新数据分析。

```
###读入新下载的数据
setwd("H:\\课件准备\\R2015li\\excerise")
getwd()
zhishu <-read.csv("TRD_Index.csv",head =T)
head(zhishu)
tail(zhishu)
attach(zhishu)
summary(zhishu)
is.numeric(Indexcd)
####统计指数
table(zhishu $ Indexcd)
```

```
###筛选出上证综合指数
shangzheng <-zhishu[which(zhishu $ Indexcd == 1),]
head(shangzheng)
tail(shangzheng)
detach()
attach(shangzheng)
summary(Clsindex)
```

```
##查出指数最高点 maxday;
maxday <-shangzheng[which(Clsindex == max(Clsindex)),]
maxday
```

```
##查出指数最低点 minday;
minday <- shangzheng[which(Clsindex==min(Clsindex)),]
minday
detach()
attach(shangzheng)
plot(Trddt,Clsindex)
```

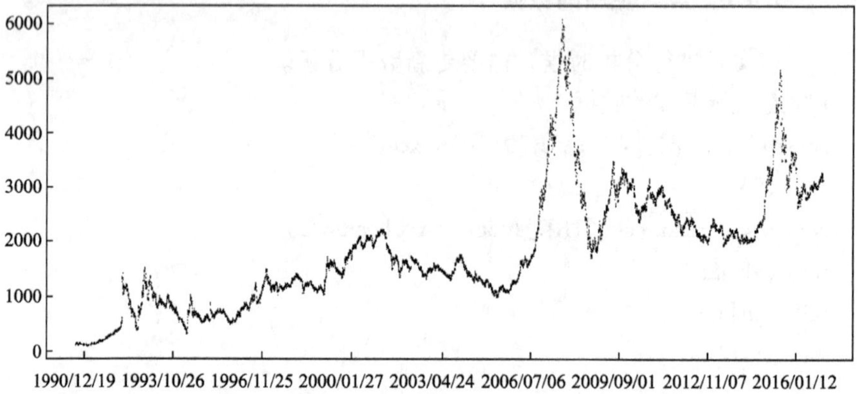


```
#####筛选出 2015 年开始的上证指数。
attach(shangzheng)
shangzheng$yearday <- as.Date(Trddt,origin="1970-01-01")
head(shangzheng$yearday)
tail(shangzheng$yearday)
##?? as.Date()帮助函数
####生成年份变量,##转换为字符型函数 as.character()。
shangzheng$year <- as.numeric(substr(as.character(shangzheng$
yearday),1,4))
attach(shangzheng)
head(year)
tail(year)
is.numeric(year)
```

```
head(shangzheng)
tail(shangzheng)
shangzheng2015 <-shangzheng[which(year > 2014),]
attach(shangzheng)
####保存数据
write.csv(shangzheng,"shangzheng20161213.csv")
write.csv(shangzheng2015,"shangzheng2015.csv")
###读入所需要的数据
rm(list = ls())
setwd("H:\\课件准备\\R2015li\\excerise")
getwd()
shangzheng2015 <-read.csv("shangzheng2015.csv",head = T)
head(shangzheng2015)
attach(shangzheng2015)
plot(Trddt,Clsindex)
```

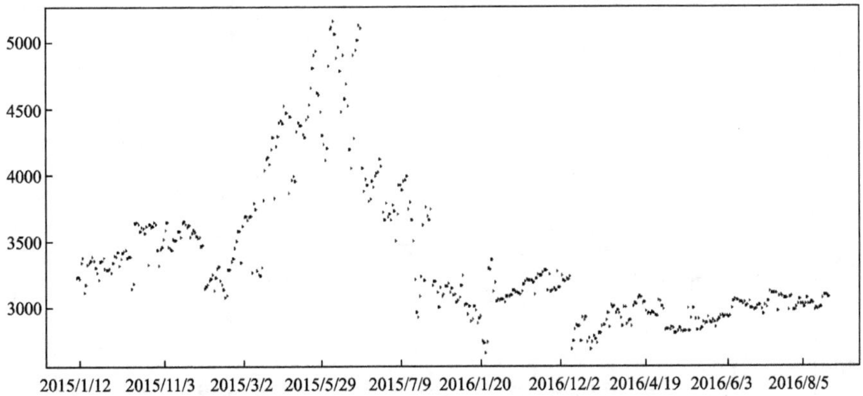


```
maxday <-shangzheng2015[which(Clsindex == max(Clsindex)),]
maxday ##查出指数最高点;
minday <-shangzheng2015[which(Clsindex == min(Clsindex)),]
minday##查出指数最低点;
detach()
```

想看一下 2016 年中国股票的走势及相关规律：

```
###筛选出 2016 年的数据
attach(shangzheng2015)
head(shangzheng2015)
shangzheng2016 < - shangzheng2015[which(year = =2016),]
####保存数据
write.csv(shangzheng2016,"shangzheng2016.csv")
rm(list =ls())###清空内存
###读入所需要的数据
shangzheng2016 < - read.csv("shangzheng2016.csv",header =T)
head(shangzheng2016)
attach(shangzheng2016)
head(shangzheng2016)
tail(shangzheng2016)
plot(yearday,Clsindex)
```

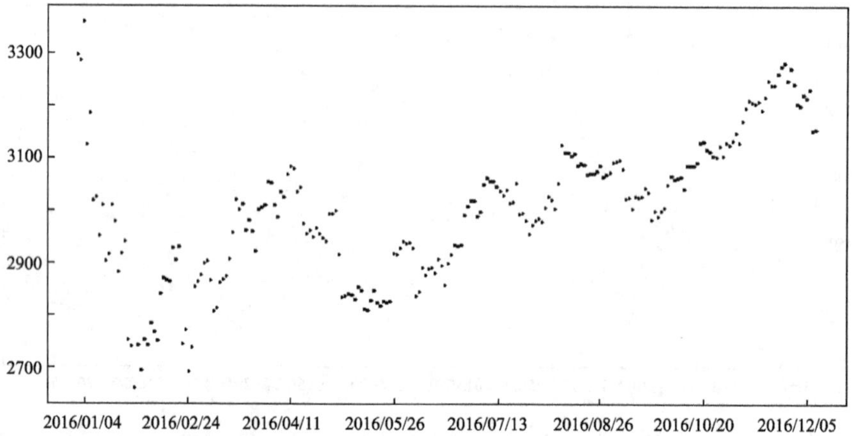


```
maxday < - shangzheng2016[which(Clsindex = =max(Clsindex)),]
maxday ##查出指数最高点;
minday < - shangzheng2016[which(Clsindex = =min(Clsindex)),]
minday ##查出指数最低点;
```

9.4.7 数据的回归模型

为了简单起见，我们使用 2016 年上证指数数据，用上证的开盘指数预测上证的收盘指数，在 R 语言中利用 lm（） 函数拟合结果如下：

```
###回归分析,用股票的开盘价格预测收盘价格;
rm(list = ls())
shangzheng2016 < - read.csv("shangzheng2016.csv",head = T)
head(shangzheng2016)
lmfit < - lm(Clsindex ~ Opnindex)
summary(lmfit)
```

```
Call:
lm(formula = Clsindex ~ Opnindex)
Residuals:
     Min        1Q      Median   3Q       Max
 -199.272   -11.564    3.912   16.964   121.458
Coefficients:
              Estimate Std. Error t value Pr( > |t|)
(Intercept)241.18090   57.61784   4.186   4.05e-05 ***
Opnindex      0.92031    0.01922  47.886   <2e-16 ***
---
Signif. codes:0 '***'0.001'**'0.01'*'0.05'.'0.1''1
Residual standard error: 40.61 on 229 degrees of freedom
Multiple R-squared:0.9092,Adjusted R-squared:0.9088
F-statistic:2293 on 1 and 229 DF,p-value: <2.2e-16
```

得到简单线性回归方程如下：

$$\text{Clsindex} = 241.18090 + 0.92031 \times \text{Opnindex} \tag{9-3}$$

由拟合结果看，方程系数显著，拟合优度值 Adjusted R - squared 为 0.9088，表明拟合效果好。但为了提高预测的精度，扩大样本量，用 2015 年初到 2016 年的数据进行预测。

```
Call:
lm(formula = Clsindex ~ Opnindex)
Residuals:
    Min        1Q     Median      3Q       Max
-314.597   -22.263   -0.181   28.366    271.689
Coefficients:
              Estimate Std. Error t value Pr(>|t|)
(Intercept) 37.133093  19.135595   1.941   0.0529.
Opnindex     0.990693   0.005618 176.329   <2e-16 ***
---
Signif. codes:0 '***'0.001'**'0.01'*'0.05'.'0.1''1
Residual standard error: 65.57 on 473 degrees of freedom
Multiple R-squared:    0.985,    Adjusted R-squared:  0.985
F-statistic: 3.109e+04 on 1 and 473 DF,  p-value: <2.2e-16
```

得到的简单线性回归方程如下：

$$Clsindex = 37.133093 + 0.990693 \times Opnindex$$

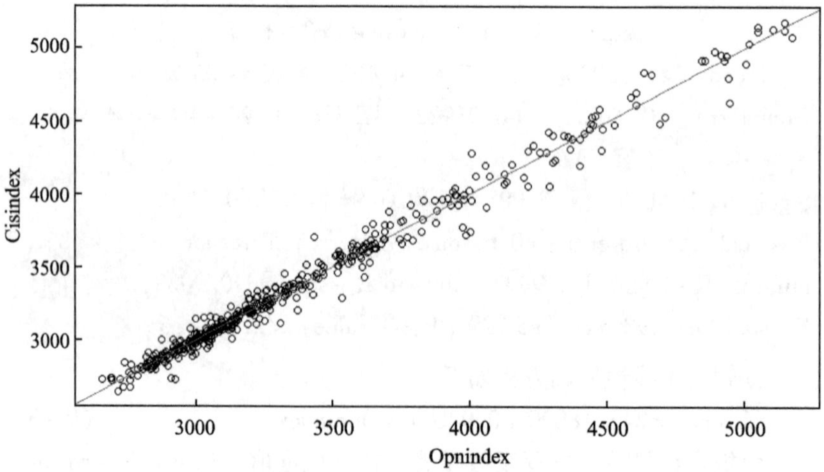

图 9.2 线性回归拟合效果

由拟合结果看，方程系数显著，拟合优度值 Adjusted R - squared 为 0.985，表明拟合效果非常好。说明上证指数的开盘价格可以成功的预测收盘价格。

```
plot (Opnindex,    Clsindex)
abline (lmfit, col = "red")
```

第10章　财经大数据时间序列分析

由于R具备很多公司财务计量研究领域的包，使得没有编程经验的公司财务从业人员进行数据分析工作变得更为简单，而相关领域的书籍也颇多，但是本章将以具体的案例作为线索，利用R语言来实现时间金融数据的分析过程。

```
install.packages("tseries")
install.packages("timeDate")
install.packages("timeSeries")
install.packages("fBasics")
install.packages("fGarch")
library(timeSeries)
library(fBasics)
library(tseries)
```

10.1　金融时间序列及其特征

数据变量的平稳性是传统的计量经济分析基本的要求之一。只有模型中的变量满足平稳性要求时,传统的计量经济分析方法才是有效的。而在模型中含有非平稳时间序列时,基于传统的计量经济分析方法的估计和检验统计计量将失去通常的性质,从而推断得出的结论可能是错误的。因此,在建立模型之前有必要检验数据的平稳性。这就是平稳性检验。如果是非平稳序列则要进行适当处理以达到平稳性要求。

首先,观察上证指数的收盘价时间序列图。从图 10.1 中初步判断,时间序列图显示收盘价指数在一些时间段较高,在一些时间段又很低,显示非平稳特性。

```
setwd("H:\\课件准备\\R2015li\\excerise")
getwd()
price1 < - read.csv("close1.csv",head = T)
head(price1)
price2 < - read.csv("close2.csv",head = T)
head(price2)
price3 < - read.csv("close3.csv",head = T)
head(price3)
price4 < - read.csv("close4.csv",head = T)
head(price4)
####合并数据
price < - rbind(price1,price2,price3,price4)##按行来合并
head(price)
tail(price)
```

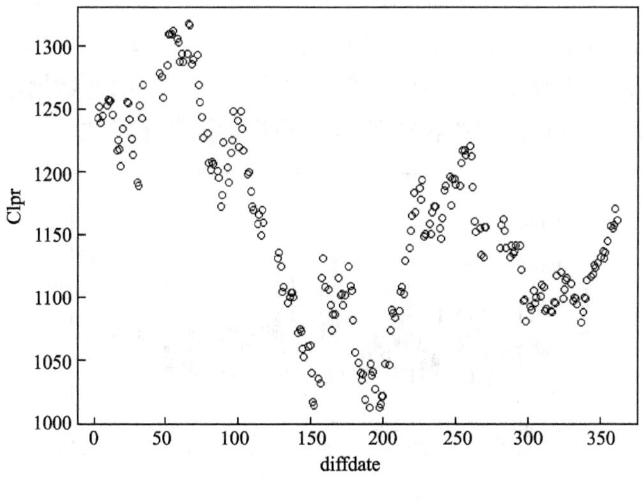

图 10.1　收盘价时间序列

进一步对指数进行单位根检验。单位根检验是指检验序列中是否存在单位根，因为存在单位根就是非平稳时间序列了。单位根就是指单位根过程，可以证明，序列中存在单位根过程就不平稳。

```
###时间序列平稳检验
install. packages( "timeDate" )
install. packages( "timeSeries" )
install. packages( "fBasics" )
install. packages( "fGarch" )
library( timeDate)
library( timeSeries)
library( fBasics)
 > library( tseries)
 > adf. test( Clsindex)
adf. test( Clpr)   #收盘价序列平稳性检验，ADF 检验
          Augmented Dickey - Fuller Test
data: Clpr
Dickey - Fuller  =  - 1. 5878, Lag order = 6, p - value = 0. 7493
alternative hypothesis: stationary
```

单位根检验表明，在 5% 置信水平下，p - value = 0. 7493 > 0. 05，接受原假设，表明收盘价指数序列存在非平稳性。为此，对数据取对数再进行差分，即可得到对数收益率，差分可以消除非平稳性。

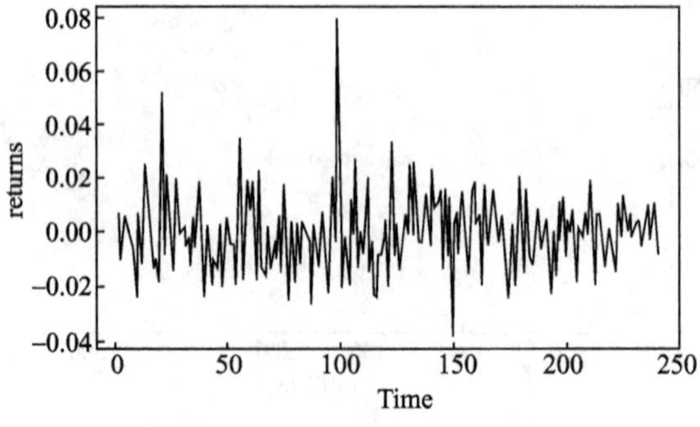

图 10. 2　对数收益率时间序列

```
> returns = diff(log(Clsindex))#对数据取对数并进行差分
> adf.test(returns)
Augmented Dickey - Fuller Test
data:   returns
Dickey - Fuller = -5.9975, Lag order = 6, p - value = 0.01
alternative hypothesis: stationary
```

单位根检验表明，在 5% 显著性水平下，p - value = 0.01 < 0.05，拒绝原假设，表明对数收益率时间序列平稳。

10.2　ARMA 模型

10.2.1　ARMA 模型简介

ARMA 模型(Auto - Regressive and Moving Average Model)是研究时间序列的重要方法，由自回归模型(简称 AR 模型)与滑动平均模型(简称 MA 模型)为基础"混合"构成。因此，ARMA 模型具有三种基本形式。

(1)AR 自回归模型。

自回归模型 AR(p)：如果时间序列满足：

$$y_t = \beta_1 y_{t-1} + \cdots + \beta_p y_{1-p} + \varepsilon_t \tag{10-1}$$

其中，ε_t 是独立同分布的随机变量序列，且满足：

$$E(\varepsilon_t) = 0,\ \mathrm{Var}(\varepsilon_t) = \sigma_\varepsilon^2 > 0 \tag{10-2}$$

则称时间序列为 y_1 服从 p 阶的自回归模型。

(2) MA 移动平均模型。

移动平均模型 MA (q)：如果时间序列 y_t 满足：

$$y_t = \varepsilon_t - \theta_1 \varepsilon_{t-1} - \cdots - \theta_q \varepsilon_{t-q} \tag{10-3}$$

则称时间序列 y_t 服从 q 阶移动平均模型。

（3）ARMA 混合模型。

ARMA（p，q）模型：如果时间序列 y_t 满足：

$$y_t = \theta_1 y_{t-1} + \cdots + \theta_p y_{t-p} + \varepsilon_t - \theta_1 \varepsilon_{t-1} - \theta_q \varepsilon_{t-q} \tag{10-4}$$

则称时间序列为 y_t 服从（p，q）阶自回归滑动平均混合模型。

特殊情况：q = 0，模型即为 AR（p），p = 0，模型即为 MA（q）。

10.2.2 ARMA 模型定阶

自相关函数的截尾阶数确定 MA 的阶数 q，偏自相关函数的截尾阶数确定 AR 的阶数 p，因此可以用自相关和偏自相关图确定 ARMA（p，q）的阶数。

（1）自相关。如果样本的自相关系数（ACF）在滞后 q + 1 阶处突然截断，即在 q 处截尾，那么我们可以认为该序列为 MA（q）序列。

（2）偏自相关。如果样本的偏自相关系数（PACF）在滞后 p 处截尾，那么我们可以判定该序列为 AR（p）序列。

```
> library (timeSeries)
> acf (returns)
> pacf (returns, lag = 50)
> pacf (returns, lag = 30)
```

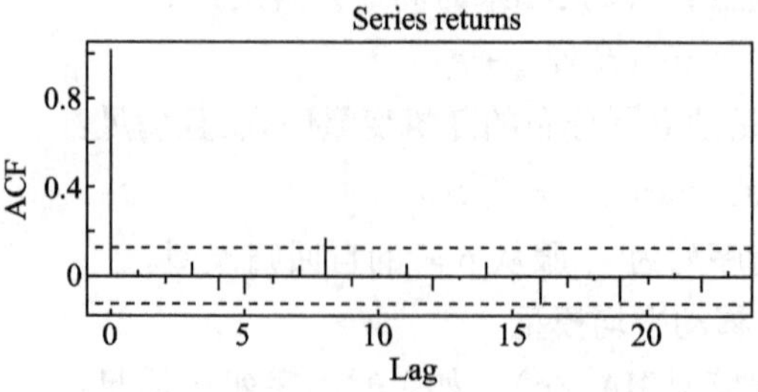

图 10.3　2005 年上证指数的自相关系数

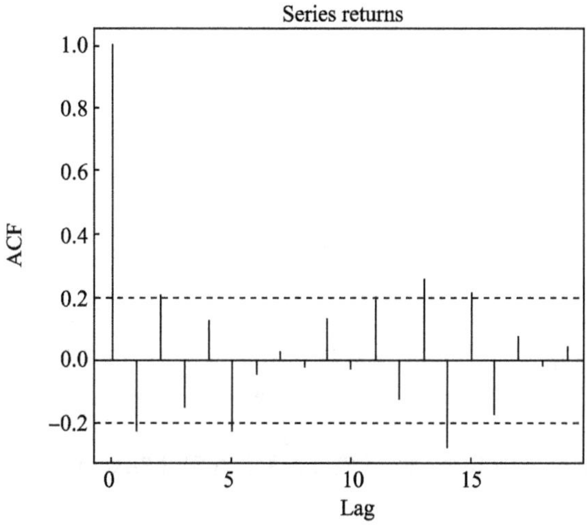

图 10.4　2015 年上证指数的自相关系数（ACF）

图 10.4 中的横轴 lag 表示滞后阶数，纵轴表示对应各阶的相关系数，0 阶滞后表示对自己的自相关系数，所以一般对应的相关系数值为 1。图 10.4 中上下的虚线内为 95% 置信区间，若 lag > 0 对应的相关系数均在该区间内则表示该变量自相性问题不严重。由自相关图（ACF）可以看出序列 0 阶自相关，因此 MA 的阶数 q = 0。

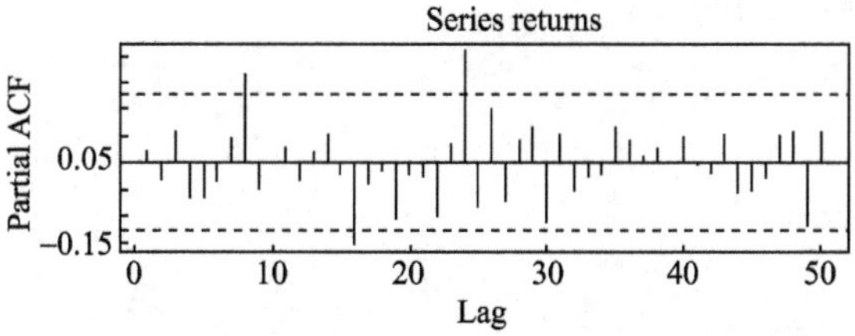

图 10.5　2005 偏自相关函数图（PACF）

当滞后期取 lag = 50 时，由偏自相关图（PACF）可以确定 p = 8，16，24。

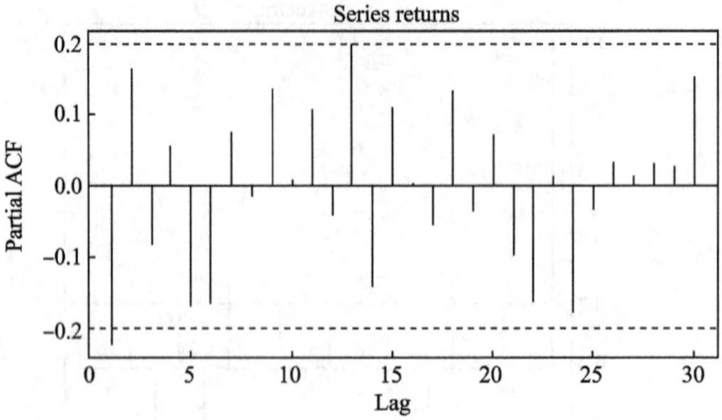

图 10.6　2015 偏自相关函数图（PACF）

10.2.3　ARMA 模型拟合

```
ARMAfit < - arma (returns, lag = list (ar = c (8, 16, 24), ma =
NULL), series = " returns")
summary (ARMAfit)
###2015 年的数据
ARMAfit < - arma (returns, lag = list (ar = NULL, ma = c (13, 14,
15)), series = " returns")
summary (ARMAfit)
```

```
Call:
arma (x = returns, lag = list (ar = c (8, 16, 24), ma = NULL),
series = " returns")
Model:
ARMA (24, 0)
Residuals:
      Min          1Q       Median          3Q          Max
-0.0334173  -0.0084237  -0.0003561  0.0062042  0.0773497
Coefficient (s):
```

```
            Estimate      Std. Error    t value  Pr ( > | t | )
ar8         0.2059246     0.0601006     3.426    0.000612 ***
ar16       -0.2006215     0.0593793    -3.379    0.000728 ***
ar24        0.2291942     0.0592183     3.870    0.000109 ***
intercept  -0.0003592     0.0008163    -0.440    0.659935
---
Signif. codes: 0' *** '0.001' ** '0.01' * '0.05'. '0.1''1
Fit:
sigma^2 estimated as 0.0001608,   Conditional Sum-of-Squares = 0.03,
  AIC = -1413.29
```

由上面拟合结果可以看出 ar8，ar16，ar24 阶系数均显著，因此可得 ARMA 模型表达式如下：

$$\hat{r}_t = -0.00036 + 0.20592 r_{t-8} - 0.20062 r_{t-16} + 0.22919 r_{t-24} \quad (10-5)$$

带入相应滞后收益率即可实现未来收益率的预测。

10.3 异方差时间序列模型

10.3.1 GARCH 模型简介

Engle（1982）提出了分析时间序列异方差性的 ARCH 模型，T. Bollerslev（1986）又提出了 GARCH 模型，GARCH 模型是一个专门针对金融数据所量体定做的回归模型，除去和普通回归模型相同之处，GARCH 对误差的方差进行了进一步的建模。特别适用于波动性的分析和预测，这样的分析对投资者的决策能起到非常重要的指导性作用，其意义很多时候超过了对数值本身的分析和预测，一般的 GARCH 模型可以表示为：

$$r_t = c_1 + \sum_{i=1}^{R} \phi_i r_{t-i} + \sum_{j=1}^{M} \phi_j \varepsilon_{t-j} + \varepsilon_\tau \quad (10-6)$$

$$\varepsilon_t = u_t \sqrt{h_t} \quad (10-7)$$

$$h_t = k + \sum_{i=1}^{q} G_i h_{t-i} + \sum_{i=1}^{p} A_i \varepsilon_{t-i}^2 \quad (10-8)$$

其中，h_t 为条件方差，h_t 为独立同分布的随机变量，h_t 与 u_t 互相独立，u_t 为标准正态分布。式（10－6）称为条件均值方程；式（10－8）称为条件方差方程，说明时间序列条件方差的变化特征。为了适应收益率序列经验分布的尖峰厚尾特征，也可假设服从其他分布，如 Bollerslev（1987）假设收益率服从广义 t 分布，Nelson（1991）提出的 EGARCH 模型采用了 GED 分布等。

10.3.2 GARCH 模型拟合

最简单的为 GARCH（1，1）模型，对其拟合如下：

```
install.packages("timeDate")
install.packages("timeSeries")
install.packages("fBasics")
install.packages("fGarch")
library(timeDate)
library(timeSeries)
library(fBasics)
library(fGarch)
Garchfit <- garchFit(~garch(1, 1), data=returns)
summary(Garchfit)
```

$$\sigma_t^2 = 3.889e-10 + 0.1054 \times r^2 + 0.9301 \times \sigma_{t-1}^2$$

```
Valat <- volatility(Garchfit)
head(Valat)
lmfit <- lm(returns ~ Valat)
summary(lmfit)
plot(Valat, returns)
abline(lmfit, col="red")
Title:
```

```
GARCH Modelling
Call:
garchFit (formula = ~garch (1, 1), data = returns)
Mean and Variance Equation:
data ~ garch (1, 1)
<environment: 0x054fe368>
[data = returns]
Conditional Distribution:
norm
Coefficient (s):
          mu       omega      alpha1       beta1
1.4177e-04  1.9869e-06  1.8400e-02  9.6909e-01
Std. Errors:
based on Hessian
Error Analysis:
          Estimate   Std. Error   t value Pr ( > | t | )
mu        1.418e-04  1.000e-03    0.142     0.887
omega     1.987e-06  4.682e-06    0.424     0.671
alpha1    1.840e-02  2.035e-02    0.904     0.366
beta1     9.691e-01  2.049e-02    47.288    <2e-16 ***
Signif. codes:   0 '***' 0.001 '**' 0.01 '*' 0.05'.' 0.1' ' 1
Log Likelihood:
693.9436     normalized:    2.879434
Standardised Residuals Tests:
                              Statistic p - Value
Jarque - Bera Test   R    Chi^2  339.9752  0
Shapiro - Wilk Test  R    W          0.9405965  2.579529e-08
Ljung - Box Test     R    Q (10)     11.16604   0.3447291
Ljung - Box Test     R    Q (15)     13.49275   0.5642944
Ljung - Box Test     R    Q (20)     20.06933   0.4536006
```

```
Ljung - Box Test     R^2   Q (10)    4.317861   0.9318706
Ljung - Box Test     R^2   Q (15)    6.802526   0.9628995
Ljung - Box Test     R^2   Q (20)    7.938161   0.992269
LM Arch Test         R     TR^2      5.243007   0.9493658
Information Criterion Statistics:
      AIC        BIC        SIC        HQIC
-5.725673  -5.667834  -5.726212  -5.702371
```

由 GARCH 模型可以获得波动率序列：

```
Valat < - volatility (Garchfit)
head (Valat)    # 查看前 6 个波动率数据
```

```
[1] 0.01362099 0.01351810 0.01345310 0.01333020 0.01322306
0.01310385
```

在 GARCH 模型拟合时，可以通过增设参数 cond. dist = c ("norm", "snorm", "ged", "sged", "std", "sstd", "snig", "QMLE")，实现不同分布下的 GARCH 模型拟合，如正态分布、广义误差分布、偏 t 分布等，默认状态为正态分布拟合。由上面拟合结果我们可以得到波动率预测公式：

$$\sigma_t^2 = 0.000002 + 0.0184 r_t^2 + 0.9691 \sigma_{t-1}^2 \tag{10-9}$$

GARCH 模型常被用作股市价格波动性分析，由计算的波动率，我们可以进一步分析股市波动带来的风险影响，例如可以进行风险价值（VaR）的计算，正态分布下 k 期 VaR 值为：

$$VaR_t = \sqrt{k\sigma_t} \tag{10-10}$$

通过 GARCH 模型计算出的波动率，返回代入式（10－10），即可实现风险价值 VaR 的计算。

$$\hat{r}_t = 0.002102 - 0.176324\sigma_t \tag{10-11}$$

由拟合结果看，方程系数不显著，且拟合优度值也表明拟合效果并不好，因此可以看出收益率与波动率并非呈简单线性关系，实践中还要考虑其他因素，如均值、方差、滞后收益率等的影响。

再来看一下波动率与滞后一期波动率之间的线性关系，建立方程：

$$\sigma_t = a + b\sigma_{t-1} \tag{10-12}$$

在 R 语言中利用 lm（）函数拟合如下：

```
write.csv (Valat," Valat.csv")
rm (list = ls ()) ##手工处理
Valat < - read.csv (" Valat1.csv", header = T)
head (Valat)
library (timeSeries)
limfit2 < - lm (x ~ x1)
summary (limfit2)
plot (x, x1)
abline (limfit2, col = " red")
lmfit2 < - lm (Valat [2: T] ~ Valat [1: (T - 1)])
summary (lmfit2)
```

```
Call:
lm (formula = Valat [2: T] ~ Valat [1: (T - 1)])
Residuals:
       Min          1Q         Median        3Q          Max
-0.0001286   -0.0001147   -0.0000849   0.0000244   0.0037290
Coefficients:
                      Estimate Std. Error t value Pr ( > | t | )
(Intercept)          0.0002394  0.0002104  1.138   0.256
Valat[1:(T - 1)]     0.9814239  0.0154812  63.395  <2e - 16 ***
---
Signif. codes:   0 '***' 0.001 '**' 0.01 '*' 0.05 '.' 0.1 ' ' 1
Residual standard error: 0.0003005 on 238 degrees of freedom
Multiple R - squared: 0.9441, Adjusted R - squared: 0.9439
F - statistic: 4019 on 1 and 238 DF, p - value: <2.2e - 16
```

可得回归拟合估计方程：

$$\hat{\sigma}_t = 0.0002394 + 0.9814239\sigma_{t-1} \tag{10-13}$$

```
plot (Valat [2: T], Valat [1: (T-1)])
abline (lmfit2, col = " black")
```

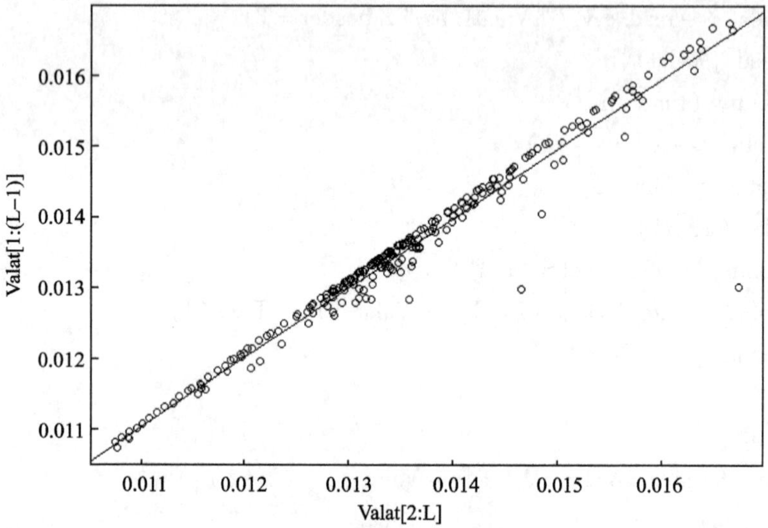

图 10.7　线性回归拟合

此时，我们发现拟合优度很高，且由图 10.7 中也可以看出拟合效果非常好，因此对于单期波动率的预测，可以由简单线性回归进行预测，进而计算可得收益率。

10.4　多项式回归

多项式回归在回归问题中占特殊的地位，因为任何函数至少在一个比较小的邻域内可用多项式任意逼近，因此通常在比较复杂的实际问题中，可以不管与诸因素的确切关系如何，而用多项式回归（当然首先应使用最简单的一次多项式即线性回归）进行分析和计算。

假设变量 y 与 x 的关系为 p 次多项式，且在 X_i 处对 y 的随机误差（i = 1，2，…，n）服从正态分布 N（0,），则其多项式回归模型表示如下：

$$Y_i = \beta_0 + \beta_1 x_i^2 + \beta_2 x_i^3 + \cdots + \beta_p x_i^p + \varepsilon_i$$

在上式中，当只含有平方项时，称为二次多项式回归。

对收益率、波动率和波动率的三次方建立多项式回归：

$$\hat{r}_t = \beta_0 + \beta_1 \sigma_t + \beta_2 \sigma_t^3$$

在 R 中实现代码如下：

```
###多项式回归
Returns < - cbind (returns, Valat)
Returns $ valat < - Returns $ x
head (Returns)
write. csv (Returns," Returns. csv")
attach (Returns)
plfit2 < - lm (returns ~ valat + I (valat^3))
summary (plfit2)
plot (valat, returns)
abline (plfit2, col = " red")

plfit < - lm (returns ~ Valat + I (Valat^3))
summary (plfit)
```

```
Call:
lm (formula = returns ~ Valat + I (Valat^3))
Residuals:
       Min          1Q      Median         3Q        Max
 -0.037846  -0.008504  -0.000257   0.006658   0.079141
Coefficients:
```

```
                 Estimate Std. Error t value Pr (>|t|)
(Intercept)    6.831e-03     4.934e-02   0.138    0.890
Valat         -7.000e-01     5.405e+00  -0.129    0.897
I (Valat^3)    9.263e+02     9.482e+03   0.098    0.922
Residual standard error: 0.01371 on 238 degrees of freedom
Multiple R-squared: 0.0003072, Adjusted R-squared: -0.008094
F-statistic: 0.03656 on 2 and 238 DF, p-value: 0.9641
```

```
plot (Valat, returns)
abline (plfit, col = "black")
```

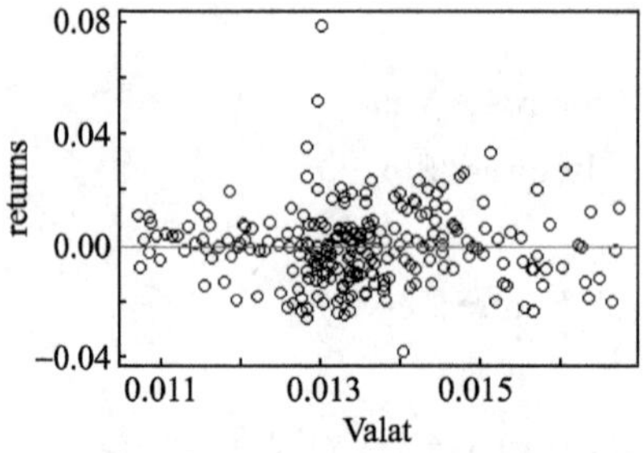

图 10.8　多项式回归拟合效果

与前面线性回归一样，多项式回归对收益率与波动率之间的拟合关系也并不好。这说明收益率与波动率之间存在复杂的非线性关系，在解决高度非线性问题时，可以建立非参数模型，如神经网络、支持向量机都可以高度模拟非线性关系，在实践中，神经网络、支持向量机已经广泛应用于股票市场的预测。

接下来，我们也来在多项式回归中看下波动率与波动率及波动率多次方之间的关系。建立模型：

$$\hat{\sigma}_t = \beta_0 + \beta_1 \sigma_{t-1} + \beta_2 \sigma_{t-1}^5 \qquad (10-14)$$

在 R 中实现如下：

```
###多项式回归
attach (Returns)
plfit2 < -lm (valat ~ x1 + I (x1^3))
summary (plfit2)
plot (x1, valat)
abline (plfit2, col = " red")
plfit2 < -lm (Valat [2: T] ~ Valat [1: (T - 1)] + I (Valat [1:
(T-1)] ^5))
summary (plfit2)
```

```
Call:
lm (formula = Valat [2: T] ~ Valat [1: (T - 1)] + I (Valat [1:
(T-1)] ^5))
Residuals:
        Min          1Q      Median          3Q         Max
-0.0001400  -0.0001159  -0.0000714  0.0000264  0.0037205
Coefficients:
                          Estimate Std. Error t value Pr ( > |t| )
(Intercept)              -4.410e-04  6.990e-04  -0.631  0.529
Valat [1: (T-1)]          1.044e+00  6.332e-02  16.489  <2e-16 *
* *
I ( Valat [ 1: ( T - 1 ) ] ^ 5 )    - 3.392e + 05   3.323e + 05
-1.021   0.308
- - -
Signif. codes:  0 '* * *'0.001 '* *'0.01 '*'0.05'.'0.1 ' '1
Residual standard error: 0.0003005 on 237 degrees of freedom
Multiple R - squared:   0.9443,  Adjusted R - squared: 0.9439
```

```
F - statistic:    2010 on 2 and 237 DF,  p - value: <2.2e - 16
plot (Valat [2: T], Valat [1: (T-1)])
abline (plfit2, col = " black", lwd = 2)
```

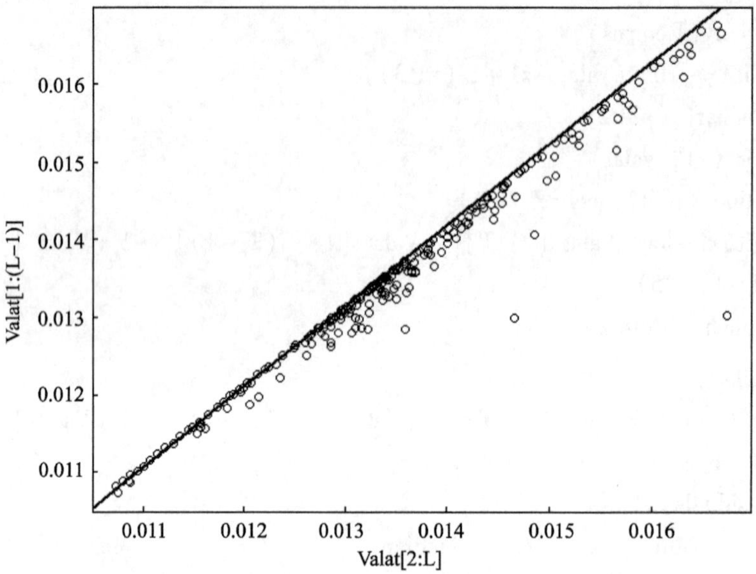

图 10.9　多项式回归拟合

拟合过程中我们发现，波动率与滞后一期波动率存在明显的线性关系，却与波动率的多次方并不存在明显的线性关系，与上一节波动率与滞后一期波动率的高度线性拟合效果相一致。

10.5　分位数回归

10.5.1　分位数回归拟合

分位数回归是对以古典条件均值模型为基础的最小二乘法的延伸，它用几个分位函数来估计整体模型。分位数回归法的特殊情况就是中位数回归（最小一乘回归），用对称权重解决残差最小化问题，而其他条件分位数回归则需要用非对称权重解决残差最小化。

分位数回归模型的一般数学模型表示：

$$Y = X^{T}\beta(\tau) + \varepsilon(\tau) \quad (10-15)$$

对于任意的$\tau \in (0, 1)$，$\beta(\tau)$为待估系数，其估计等价于求解下述问题的解：

$$\min_{\beta}\left[\sum_{(i \mid Y \geqslant X_i^T(\beta))} \tau \left| Y_i - X_i^T\beta(\tau) \right| + \sum_{(i \mid Y < X_i^T(\beta))} (1-\tau) \left| Y_i - X_i^T\beta(\tau) \right|\right]$$

可以得到 Y 的条件分位数估计为：

$$\hat{Q}_{\tau}(Y \mid X) = X^{T}\hat{\beta}(\tau)$$

分位数回归采用加权残差绝对值之和的方法估计参数，其优点体现在以下几个方面：第一，它对模型中的随机扰动项不需要做任何分布的假定，这样整个回归模型就具有很强的稳健性；第二，分位数回归本身没有使用一个连续函数来描述因变量的均值和方差的相互关系，因此分位数回归有着比较好的弹性性质；第三，分位数回归由于是对所有分位数进行回归，因此对于数据中出现的异常点具有耐抗性；第四，分位数回归不同于普通的最小二乘回归，它对于因变量具有单独变换性；第五，分位数回归估计出来的参数具有在大样本理论下的渐近优良性。

```
#install.packages("SparseM")
#install.packages("quantreg")
library(SparseM)
library(quantreg)
taus <- c(0.05, 0.25, 0.5, 0.75, 0.95)
rqfit <- rq(returns ~ Valat, tau = taus)    # 分位数回归模型拟合
summary(rqfit)
```

```
Call: rq(formula = returns ~ Valat, tau = taus)
tau: [1] 0.05
Coefficients:
             coefficients lower bd upper bd
```

```
(Intercept)  -0.02114     -0.03327    0.00193
Valat         0.04837     -1.69242    0.85089
Call: rq (formula = returns ~ Valat, tau = taus)
tau: [1] 0.25
Coefficients:
              coefficients lower bd upper bd
(Intercept)   0.00707     -0.02021    0.02761
Valat        -1.21549     -2.66689    0.75350
Call: rq (formula = returns ~ Valat, tau = taus)
tau: [1] 0.5
Coefficients:
              coefficients lower bd upper bd
(Intercept)   0.00771     -0.00398    0.02276
Valat        -0.62090     -1.90143    0.28603
Call: rq (formula = returns ~ Valat, tau = taus)
tau: [1] 0.75
Coefficients:
              coefficients lower bd upper bd
(Intercept)   0.00054     -0.01625    0.01723
Valat         0.43581     -0.80212    1.68753
Call: rq (formula = returns ~ Valat, tau = taus)
tau: [1] 0.95
Coefficients:
              coefficients lower bd upper bd
(Intercept)  -0.02549     -0.02855  0.02079
Valat         3.41278     -0.01367  3.86581
```

```
plot (summary (rqfit))   #系数估计图
```

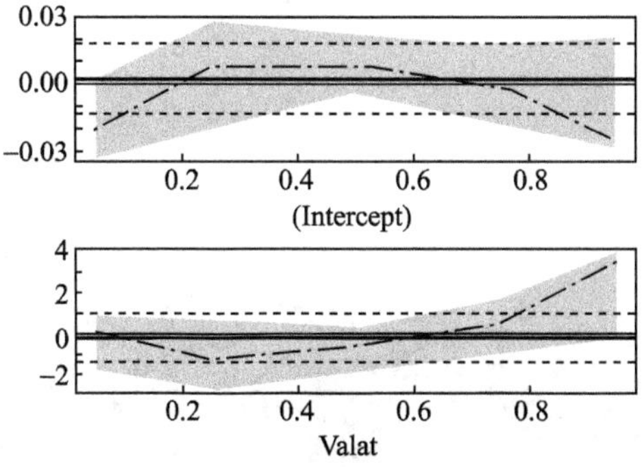

图 10.10　不同分位点下系数估计

```
plot (Valat, returns)
abline ( (rq (returns ~ Valat, tau =0.05)), lty =1)
abline ( (rq (returns ~ Valat, tau =0.25)), lty =2)
abline ( (rq (returns ~ Valat, tau =0.5)), lty =3)
abline ( (rq (returns ~ Valat, tau =0.75)), lty =4)
abline ( (rq (returns ~ Valat, tau =0.95)), lty =5)
legend (" topright", c (" tau = 0.95"," tau = 0.75"," tau = 0.50",
" tau =0.25",
        " tau =0.05"), lty =5: 1)
```

分位数回归模型中，当 tau =0.5 时，对应 OLS 模型，因此图中红色拟合线就对应着简单线性回归模型的拟合线。

10.5.2　分位数回归与 VaR

另外，从分位数回归定义的本质出发，分位数回归计算的结果对应投资组合的收益率分布的分位点，即 VaR 值。因此，分位数回归在计算风险价值 VaR 时被广泛应用。下面，我们简单讨论一下单期波动率与风险价值 VaR 之间的关系。首先根据 Chen（2002）提出多期 VaR 是持有期 k、单期波动率 σ_t、单期波动率多项式之间的不同组合关系，简化到单期 VaR 计算，其公式如下：

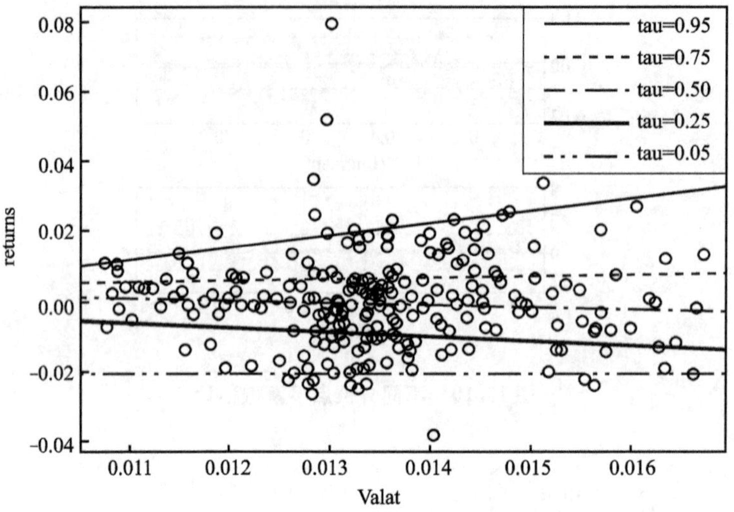

图 10.11 不同分位点的拟合效果

$$VaR_t = \beta_0 + \beta_1 \sigma_t + \beta_2 \sigma_t^2 \tag{10-16}$$

此时，如果计算 95% 置信水平下的风险价值 VaR，在 R 语言中代码如下：

```
library (quantreg)
taus < -0.05
rqfit < -rq (returns ~ valat + I (valat^2), tau = taus)
summary (rqfit)
```

```
Call: rq (formula = returns ~ Valat + I (Valat^2), tau = taus)
tau: [1] 0.05
Coefficients:
                  coefficients    lower bd      upper bd
(Intercept)        0.08673        -0.74527      0.25688
Valat             -14.95325      -38.86296    101.63040
I (Valat^2)       511.93814    -3456.15235   1343.11081
```

```
VaR < -predict (rqfit)
```

```
plot.ts (returns)
lines (VaR, lty=2)
legend ("topright", c ("tau = 0.05","VaR","returns"), lty = c
(0, 2, 1))
```

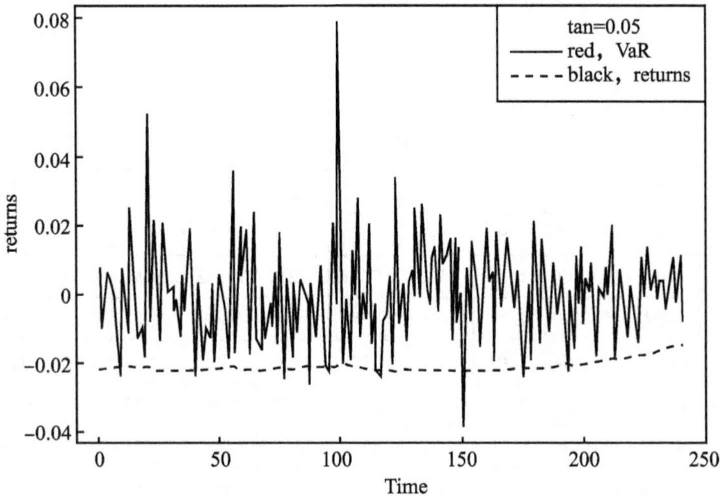

图 10.12 收益率与 VaR 曲线

改变 tau 分位点可以计算任意置信水平下的 VaR 值，VaR 值以一个简单明了的数值展示了企业所面临的风险大小，能够为金融机构管理者和投资者提供决策参考，加强风险控制管理。

附 录

附表1 2012年我国各地区科技发展状况

地区	X1	X2	X3	X4	X5	X6	X7	X8	X9	X10
北京	322417	10633640	5.50	89	747	11024	20189	112949	760	24585034
天津	126436	3604866	2.37	55	765	12219	13173	23155	587	2323275
河北	124892	2457670	0.78	113	825	7541	7841	32503	433	378178
山西	71884	1323458	1.10	75	177	2726	3765	13949	136	306088
内蒙古	41974	1014468	0.53	48	212	1567	1650	12827	97	1060962
辽宁	141756	3908680	1.53	112	620	8641	9958	50674	738	2306648
吉林	76335	1098010	1.12	57	188	2683	2195	25480	394	251180
黑龙江	90386	1459588	1.27	79	278	3384	3690	37450	161	1004473
上海	208817	6794636	2.81	67	914	17042	24873	71343	1030	5187473
江苏	549159	12878616	2.04	153	16417	53973	84876	102482	4598	4009141
浙江	377315	7225867	1.73	102	7498	41874	68003	45385	2143	813079
安徽	156257	2817953	1.35	118	2387	15137	26665	35873	744	861592
福建	158089	2709891	1.11	86	1328	9123	14745	18139	692	500920
江西	58245	1136552	0.99	88	372	3241	3015	23714	602	397796
山东	382057	10203266	1.53	136	3325	28171	34689	48339	1875	1400153
河南	185116	3107802	0.90	120	1414	9106	12503	47556	848	399435
湖北	185703	3845239	1.65	122	917	9629	12592	70988	687	1963922
湖南	144979	2876780	1.18	121	971	8418	16204	45172	788	422420
广东	629055	12361501	1.65	137	3455	43314	87143	64501	5059	3649384

续表

地区	X1	X2	X3	X4	X5	X6	X7	X8	X9	X10
广西	64935	971539	0.61	70	425	3320	3025	24663	285	25238
海南	10490	137244	0.35	17	40	594	623	4334	50	5666
重庆	72609	1597973	1.22	60	437	5693	9784	30428	315	540188
四川	155335	3508589	1.52	99	879	11656	13443	55447	813	1112438
贵州	29967	417261	0.68	49	148	1978	2794	13751	135	96743
云南	47038	687548	0.60	66	287	1512	2404	18397	123	454779
西藏	2135	17839	0.33	6	3	11	18	1101	6	NA
陕西	118350	2872035	2.32	91	453	6052	5467	50801	379	3348153
甘肃	36762	604762	1.10	42	187	1759	1713	15471	87	730619
青海	7848	131228	0.70	9	27	103	215	2648	27	192989
宁夏	14039	182304	0.77	16	150	1131	914	6003	19	29135
新疆	26740	397289	0.51	39	91	826	1776	12219	25	53853

注：单位见指标定义。

资料来源：《中国科技统计年鉴》(2013)。

附表 2　2015 年 1 月 4 日至 12 月 30 日上证综合收盘价格指数

Date	Clpr	Date	Clpr	Date	Clpr
2005/1/4	1242.774	2005/1/20	1204.394	2005/2/16	1278.88
2005/1/5	1251.937	2005/1/21	1234.476	2005/2/17	1276.134
2005/1/6	1239.43	2005/1/24	1255.777	2005/2/18	1258.969
2005/1/7	1244.746	2005/1/25	1254.234	2005/2/21	1284.48
2005/1/10	1252.401	2005/1/26	1241.958	2005/2/22	1309.277
2005/1/11	1257.462	2005/1/27	1225.891	2005/2/23	1309.475
2005/1/12	1256.923	2005/1/28	1213.673	2005/2/24	1309.949
2005/1/13	1256.314	2005/1/31	1191.823	2005/2/25	1312.445
2005/1/14	1245.62	2005/2/1	1188.931	2005/2/28	1306.003
2005/1/17	1216.652	2005/2/2	1252.5	2005/3/1	1303.412
2005/1/18	1225.454	2005/2/3	1242.307	2005/3/2	1287.45
2005/1/19	1218.108	2005/2/4	1269.004	2005/3/3	1294.339

续表

Date	Clpr	Date	Clpr	Date	Clpr
2005/3/4	1287.714	2005/4/13	1248.203	2005/5/30	1060.162
2005/3/7	1293.739	2005/4/14	1234.332	2005/5/31	1060.738
2005/3/8	1318.271	2005/4/15	1216.962	2005/6/1	1039.187
2005/3/9	1316.791	2005/4/18	1197.735	2005/6/2	1016.063
2005/3/10	1286.233	2005/4/19	1199.902	2005/6/3	1013.637
2005/3/11	1289.941	2005/4/20	1184.193	2005/6/6	1034.378
2005/3/14	1293.5	2005/4/21	1172.556	2005/6/7	1030.941
2005/3/15	1269.144	2005/4/22	1169.187	2005/6/8	1115.582
2005/3/16	1255.589	2005/4/25	1157.971	2005/6/9	1131.052
2005/3/17	1243.475	2005/4/26	1165.335	2005/6/10	1108.286
2005/3/18	1227.403	2005/4/27	1148.757	2005/6/13	1106.291
2005/3/21	1231.046	2005/4/28	1169.118	2005/6/14	1093.464
2005/3/22	1206.922	2005/4/29	1159.146	2005/6/15	1072.836
2005/3/23	1201.649	2005/5/9	1130.835	2005/6/16	1086.01
2005/3/24	1208.192	2005/5/10	1135.561	2005/6/17	1085.61
2005/3/25	1205.634	2005/5/11	1124.271	2005/6/20	1115.62
2005/3/28	1200.113	2005/5/12	1103.993	2005/6/21	1101.486
2005/3/29	1195.018	2005/5/13	1107.627	2005/6/22	1102.033
2005/3/30	1172.574	2005/5/16	1095.468	2005/6/23	1093.702
2005/3/31	1181.236	2005/5/17	1099.64	2005/6/24	1101.882
2005/4/1	1223.566	2005/5/18	1102.965	2005/6/27	1124.64
2005/4/4	1202.967	2005/5/19	1103.475	2005/6/28	1108.588
2005/4/5	1191.745	2005/5/20	1099.269	2005/6/29	1104.992
2005/4/6	1214.868	2005/5/23	1070.844	2005/6/30	1080.938
2005/4/7	1225.487	2005/5/24	1073.847	2005/7/1	1055.594
2005/4/8	1248.521	2005/5/25	1072.137	2005/7/4	1047.278
2005/4/11	1240.972	2005/5/26	1058.867	2005/7/5	1039.043
2005/4/12	1219.511	2005/5/27	1051.946	2005/7/6	1033.545

续表

Date	Clpr	Date	Clpr	Date	Clpr
2005/7/7	1038. 597	2005/8/16	1177. 278	2005/9/23	1151. 98
2005/7/8	1017. 983	2005/8/17	1192. 834	2005/9/26	1155. 042
2005/7/11	1011. 499	2005/8/18	1148. 035	2005/9/27	1133. 237
2005/7/12	1046. 161	2005/8/19	1150. 184	2005/9/28	1131. 774
2005/7/13	1037. 394	2005/8/22	1158. 597	2005/9/29	1155. 485
2005/7/14	1040. 416	2005/8/23	1149. 957	2005/9/30	1155. 614
2005/7/15	1026. 115	2005/8/24	1167. 137	2005/10/10	1138. 95
2005/7/18	1012. 097	2005/8/25	1172. 475	2005/10/11	1157. 192
2005/7/19	1014. 355	2005/8/26	1171. 86	2005/10/12	1161. 853
2005/7/20	1021. 052	2005/8/29	1154. 428	2005/10/13	1152. 607
2005/7/21	1020. 632	2005/8/30	1146. 385	2005/10/14	1139. 547
2005/7/22	1046. 321	2005/8/31	1162. 798	2005/10/17	1131. 375
2005/7/25	1045. 4	2005/9/1	1184. 933	2005/10/18	1141. 201
2005/7/26	1072. 807	2005/9/2	1188. 848	2005/10/19	1134. 608
2005/7/27	1089. 909	2005/9/5	1196. 224	2005/10/20	1135. 949
2005/7/28	1086. 548	2005/9/6	1173. 322	2005/10/21	1141. 318
2005/7/29	1083. 033	2005/9/7	1194. 309	2005/10/24	1141. 171
2005/8/1	1088. 948	2005/9/8	1194. 411	2005/10/25	1121. 918
2005/8/2	1104. 038	2005/9/9	1189. 625	2005/10/26	1097. 161
2005/8/3	1107. 699	2005/9/12	1188. 212	2005/10/27	1097. 782
2005/8/4	1102. 589	2005/9/13	1207. 164	2005/10/28	1080. 867
2005/8/5	1128. 743	2005/9/14	1217. 261	2005/10/31	1092. 817
2005/8/8	1138. 882	2005/9/15	1217. 281	2005/11/1	1089. 95
2005/8/9	1152. 534	2005/9/16	1212. 947	2005/11/2	1104. 792
2005/8/10	1165. 033	2005/9/19	1220. 627	2005/11/3	1095. 273
2005/8/11	1183. 579	2005/9/20	1212. 617	2005/11/4	1100. 045
2005/8/12	1167. 915	2005/9/21	1187. 988	2005/11/7	1100. 65
2005/8/15	1187. 006	2005/9/22	1159. 96	2005/11/8	1110. 147

续表

Date	Clpr	Date	Clpr	Date	Clpr
2005/11/9	1108.153	2005/11/28	1110.823	2005/12/15	1123.555
2005/11/10	1088.301	2005/11/29	1096.986	2005/12/16	1127.508
2005/11/11	1090.195	2005/11/30	1099.261	2005/12/19	1131.751
2005/11/14	1088.653	2005/12/1	1098.747	2005/12/20	1136.342
2005/11/15	1087.508	2005/12/2	1094.287	2005/12/21	1130.759
2005/11/16	1095.89	2005/12/5	1079.197	2005/12/22	1135.238
2005/11/17	1095.31	2005/12/6	1087.794	2005/12/23	1144.871
2005/11/18	1116.999	2005/12/7	1099.615	2005/12/26	1156.823
2005/11/21	1119.936	2005/12/8	1098.323	2005/12/27	1154.288
2005/11/22	1098.655	2005/12/9	1113.477	2005/12/28	1157.034
2005/11/23	1105.746	2005/12/12	1116.367	2005/12/29	1169.862
2005/11/24	1113.374	2005/12/13	1117.846	2005/12/30	1161.057
2005/11/25	1114.916	2005/12/14	1125.387		

参考文献

［1］方匡南等．R 数据分析——方法与案例详解［M］．机构工业出版社，2005.

［2］姜国华．财务报表分析与证券投资［M］．北京大学出版社，2008.

［3］斯蒂芬·A. 罗斯等．公司理财（第6版）［M］．机械工业出版社，2003.

［4］斯蒂芬·H. 佩因曼．财务报表分析与证券定价［M］．中国财政经济出版社，2005.

［5］托马斯·E. 科普兰等．财务理论与公司政策［M］．宋献中译，东北财经大学出版社，2002.

［6］王斌会．多元统计分析及 R 语言建模［M］．广州：暨南大学出版社，2010.

［7］Big Data Analytics with R and Hadoop［EB/OL］. http：//blog. fens. me/r－hadoop－book－big－data/.

［8］CentOS5. 8 下安装 R、RHadoop［EB/OL］. http：//f. dataguru. cn/thread－135270－1－1. html.

［9］Cloudera Hadoop CDH 上安装 R 及 RHadoop（rhdfs/rmr2/rhbase/RHive）［EB/OL］. http：//www. geedoo. info/installed－on－the－cloudera－hadoop－cdh－r－and－rhadoop－rhdfs－rmr2－rhbase－rhive. html.

［10］RHive 的安装和用法［EB/OL］. http：//www. cnblogs. com/end/archive/2013/02/18/2916105. html.

[11] RMySQL 数据库编程指南 [EB/OL]. http://blog.fens.me/r-mysql-rmysql/.

[12] Vignesh Prajapati. Big Data Analytics with R and Hadoop [M]. Packt Publishing Ltd., 2013.

后　记

非常感谢各位读者能够阅读此书。你的选择是我们进行持续探索的最大动力。本书仅介绍了大数据技术 R 与 Hadoop 的基础知识，就财务和金融工作者而言，若想进一步深入应用，还需要阅读我的专著《大数据下的海丝经济信用管理：R 与 Hadoop 架构》；就信息技术工作者而言，如果想更深入地了解 R 语言，那么需要全面地了解以下教程：

初级入门的有官网公布的小册子——“An Introduction to R”和刘思喆的《153 分钟学会 R》，还有“R4Beginners”、《统计建模与 R 软件》、“R Cookbook”和“R in Action”（中文翻译为《R 实战》）以及“R in a Nutshell”。高级入门的有“Statistics with R”、“The R Book”以及“Modern Statistics with S”，这三本书结合数据分析的各种常见方法，比较系统地介绍了 R 在线性回归、方差分析、多元统计、R 绘图、时间序列分析、数据挖掘等方面的内容。

大数据的可视化也是当前大数据应用的重要内容，学习绘图与可视化的入门级英文教程有“R Graphics”，全面介绍了 R 的绘图系统，也有对应的网站。入门级的中文版教程有谢益辉的《现代统计图形》和《R 图形可视化手册》。

更深入的可以读“Lattice：Multivariate Data Visualization with R”和“ggplot2：Elegant Graphics for Data Analysis”（中文版是《ggplot2：数据分析与图形艺术》）以及“The R Graphics cookbook”（中文版是《R 图形可视化手册》）。关于交互式图形的教程有“Interactive and Dynamic Graphics for Data Analysis With R and GGobi”，GGobi 是著名的交互式图形系统。此外，R 还推出了 shiny 和 rChart 以及 rechart 等包，可

以将图形绘制到网页上，这个可以说是未来的主流，不得不关注。

大数据也离不开系统的数据分析，当前的数据分析主要基于计量经济学，进行相对应的时间序列分析、面板数据分析等，从而进行数据挖掘，解决业务应用痛点。R 语言中计量经济学有一本小册子——“Econometrics In R”，可做入门用。随后是“Applied Econometrics with R”，对应的 R 包是 AER 包。具体数据分析中，时间序列的有“Time Series Analysis and Its Applications：With R Examples”、“Analysis of Financial time Series”和“Analysis of Integrated and Cointegrated Time Series with R”以及“Wavelet Methods in Statistics with R”。

专业的数据挖掘书有“Data Mining with R：Learing with Case Studies”（中文版是《Rattle：R 中的数据挖掘 GUI》）和“Machine Learning for Hacks”。前者主要讲了基于 Rattle 包进行数据挖掘的操作方法，是全流程数据挖掘工具书。书中详细讲解了从导入数据、清洗数据、数据重整、数据可视化、模型构建、变量选择、模型评价等各个数据挖掘环节。

除本书讲的财务分析内容外，R 语言在财务金融领域还有很多其他教程。但侧重于金融知识的介绍，经典的书籍有“Advanced Topics in Analysis of Economic and Financial Data Using R”、“Simulation Inference Stochastic Differential Equations：With R Examples”、“Simulation Techniques in Financial Risk Management”、“Modern Actuarial Risk Theory Using R”、“Portfolio Optimization with R”和“Option Pricing and Estimation of Financial Models with R”。

最后，在与同事查找了众多资料并参与了几个企业的大数据实践项目后，越来越认识到大数据技术的重要性和应用前景的广阔性。而当前的大数据，除了这感性的概念，更重要的是找到合理的技术架构，为业务创造价值。当前除了基础的 Hadoop 版本，也有 Cloudra 的 CDH 版本，更有 Pivotal 的 Hadoop 版本。但技术的学习任重而道远，我们只能上下求索，不断学习、不断进步。最后，再次感谢读者的选择。

李晓龙

2016. 1